putonghua shuiping ceshi zhinan

普通话水平测试指南

黄年丰　齐环玉　编

暨南大學出版社
JINAN UNIVERSITY PRESS

中国·广州

图书在版编目（CIP）数据

普通话水平测试指南/黄年丰，齐环玉编. —广州：暨南大学出版社，2012.12（2014.8 重印）

ISBN 978-7-5668-0344-3

Ⅰ.①普… Ⅱ.①黄…②齐… Ⅲ.①普通话—水平考试—教材 Ⅳ.①H102

中国版本图书馆 CIP 数据核字(2012)第 211373 号

出版发行：暨南大学出版社

地　　址：中国广州暨南大学
电　　话：总编室（8620）85221601
营销部（8620）85225284　85228291　85228292（邮购）
传　　真：（8620）85221583（办公室）　85223774（营销部）
邮　　编：510630
网　　址：http：//www.jnupress.com　http：//press.jnu.edu.cn

策划编辑：杜小陆
责任编辑：黄　球　吴筱颖
责任校对：卢凯婷

排　　版：弓设计
印　　刷：佛山市浩文彩色印刷有限公司

开　　本：787mm×960mm　1/16
印　　张：13.25
字　　数：216 千
版　　次：2012 年 12 月第 1 版
印　　次：2014 年 8 月第 2 次
印　　数：3001—6000 册

定　　价：28.00 元

前　言

在我国政府的大力推广和广大民众的积极配合下，普通话在全国范围内被广泛地运用于学习、工作以及生活中，某些行业如播音、主持、教师等更是对从业者的普通话水平提出了很高的要求。近年来，衡量普通话水平等级的全国性权威测试——普通话水平测试，也吸引了越来越多的考生。然而，对于方言地区的考生来说，想要在普通话水平测试中取得较高的分数和较好的等级并不容易，尤其是广东地区的考生。俗话说，“天不怕，地不怕，就怕广东人说普通话”。广东地区的方言主要有粤语、潮汕话和客家话三种，三大方言地区的考生在使用普通话时会出现很多相同的错误和缺陷，比如舌尖前音 z、c、s，舌尖后音 zh、ch、sh 以及舌面前音 j、q、x 不分等，当然三种方言与普通话对比时也有各自不同的区别点，比如潮汕地区的考生前后鼻音的区分难度很大。本书编者对比了广东三大方言和普通话的差异，根据自己的普通话授课经验，结合考生的语音面貌，抓住广东方言区的语音重难点来编写此书，以期对广大考生有所帮助。

此书在编写过程中力求简要务实、特色鲜明，主要表现在以下几个方面：

第一，此书主要面向广东省三大方言地区的考生，因此在简要介绍发音要领之后，主要对三大方言地区考生使用普通话时容易出现的错误和缺陷，进行针对性的讲解和训练。

第二，为方便考生训练，此书按照普通话水平测试试卷的格局设计了单音节字词、多音节词语、朗读、说话四个部分，但在内容编写中我们从第一部分开始就采取了“单音节字词—多音节词—诗句—语句”的练习方式。其中，诗句多选自唐诗，有利于集中训练考生的声、韵、调，并提高学生的练习兴趣；语句则都选自《普通话朗读测试大纲》给定的60篇作品，方便学生熟悉作品。[①] 这种练习方式是为了避免有些考生在读单音节字词和多音节词语时发音很标准，但是在朗读和说话部分却失分严重等问题。

第三，市面上大多数普通话培训教材对说话部分的辅导普遍采取两种方式，一种是只列出话题，一种是给出范文。我们认为说话部分分值大、时间长、综合性最强，是考生失分的主要部分，一定要加强训练，不应简单带过，但是也不宜给出范文，让学生陷入背诵范文的误区。因此我们采取了分析话题、列出说话提纲的辅导方式。

第四，针对2010年广东省开始实施的普通话计算机辅助测试方式的实际情况，我们在本书的最后增加了一章内容——计算机测试注意事项，以帮助考生熟悉机测的特点和流程，从而能在测试中取得更好的成绩。

本书共有六章，具体章节编写分工如下：第一章（普通话水平测试概述）、第二章（单音节字词）的第一节（声母）、第三章（多音节词语）、第六章（计算机测试注意事项）由黄年丰负责编写；第二章（单音节字词）的第二节（韵母）和第三节（声调）、第四章（朗读）、第五章（说话）由齐环玉负责编写。

鉴于能力有限、时间仓促，本书难免有漏、误之处，敬请各位专家和读者批评指教。我们真诚地希望此书能够成为广大考生的普通话测试指南。

编者

2012年9月于广州

---

① 该练习方式受暨南大学博士生导师伍巍教授启发而作，特此感谢。

目　录

第一章 普通话水平测试概述

第一节 普通话水平测试概述

一、测试的含义

普通话水平测试简称PSC，是我国为加快共同语普及进程、提高全社会普通话水平而设置的一种语言测试制度，由国家语委普通话培训测试中心及地方（省、自治区、直辖市）语委普通话培训测试中心具体负责实施。

普通话水平测试不是对应试人进行口才评估或者语言文化知识的考核。它是对应试人在运用普通话口语进行表达过程中所表现出的语音、词汇、语法的规范程度所进行的标准化、规范化考试。普通话水平测试所进行的检测是以标准普通话为参照标准，通过测试来检测、评定应试人员所达到的普通话水平等级。

经过普通话水平测试，应试人达到一定等级标准后可获得相应的等级证书，即普通话水平等级证书。普通话水平等级证书是相关从业人员普通话水平的凭证，在全国范围内通用。

二、测试的形式与内容

（一）测试形式

普通话水平测试是一种口语测试，全部测试内容均以口头方式进行。应试人经报名核准后在规定的日期，凭本人的准考证和身份证，进入指定的考场，按指定试卷上的内容进行测试。

目前，普通话水平口语测试的实施形式分为人工测试和计算机辅助测试两种。

1. 人工测试

人工测试是指整个测试过程全部由测试员操作并进行成绩评定。应试人先集中在测试场地，然后按先后顺序，分别到指定的试室进行测试。每个试室有2—3位测试员负责对应试人的普通话水平进行评定，总时间在13分钟左右。

2. 计算机辅助测试

与人工测试不同，计算机辅助测试的特点是人测机助。应试人先集中在测试场地，然后按先后顺序，分别到指定的试室，面对电脑朗读试卷，由电脑采集语音样品。试卷中的“读单音节字词”、“读多音节词语”以及“朗读短文”3个测试项均由机器评判，“命题说话”测试项则由测试员人工评定。从2010年开始，广东省的普通话水平测试全部采用计算机辅助形式。

（二）测试内容

普通话水平测试的测试内容由四部分构成：第一部分，读单音节字词，共100个音节，计10分；第二部分，读多音节词语，共100个音节，计20分；第三部分，朗读短文，共400个音节，计30分；第四部分，命题说话，时长为3分钟，计40分。

三、测试的等级标准

普通话水平测试分为三级六等，其具体等级标准如下：

（一）一级

甲等：朗读和自由交谈时，语音标准，词汇、语法正确无误，语调自然，表达流畅。测试总失分率在3%以内。

乙等：朗读和自由交谈时，语音标准，词汇、语法正确无误，语调自然，表达流畅。偶有字音、字调失误。测试总失分率在8%以内。

（二）二级

甲等：朗读和自由交谈时，声、韵、调发音基本标准，语调自然，表达流畅。少数难点音（平翘舌音、前后鼻尾音、边鼻音等）有时出现失误。词汇、语法极少有误。测试总失分率在 13% 以内。

乙等：朗读和自由交谈时，个别调值不准，声母、韵母发音有不到位现象。难点音较多（平翘舌音、前后鼻尾音、边鼻音、f—h、z—zh—j、送气不送气、i—ü 不分，以及保留浊塞音、浊塞擦音、丢介音、复韵母单音化等），失误较多。方言语调不明显。有使用方言词、方言语法的情况。测试总失分率在 20% 以内。

（三）三级

甲等：朗读和自由交谈时，声母、韵母发音失误较多，难点音超出常见范围，声调调值多不准。方言语调较明显。词汇、语法有失误。测试总失分率在 30% 以内。

乙等：朗读和自由交谈时，声、韵、调发音失误多，方音特征突出。方言语调明显，词汇、语法失误较多。外地人听其谈话有听不懂的情况。测试总失分率在 40% 以内。

四、测试对象和等级要求

根据《中华人民共和国国家通用语言文字法》及《国家普通话水平测试管理规定》，1954 年 1 月 1 日以后出生的相关人员应该接受普通话水平测试，并达到相应的等级要求。

（一）测试对象

根据国家规定，需要进行普通话水平测试的人群包括：①教师和申请教师资格的人员；②广播电台、电视台的播音员和节目主持人；③从事电影、电视剧、话剧表演和配音的专业演员；④国家机关工作人员；⑤师范类专业、播音与主持艺术专业、影视话剧表演专业以及其他与口语表达密切相关专业的学生；⑥主要公共服务行业的从业人员；⑦行业主管部门规定的其他应该接受测试的人员。

（二）等级要求

国家对上述各类测试对象的普通话水平也提出了相应的等级要求：①教师和申请教师资格的人员：普通话语音教师不低于一级乙等，语文教师、对外汉语教师不低于二级甲等，非语文教师不低于二级乙等；②广播电台、电视台的播音员和节目主持人：国家、省级台达到一级甲等，市级台不低于一级乙等，县级台不低于一级乙等；③从事电影、电视剧、话剧表演和配音的专业演员：不低于一级乙等；④国家机关工作人员：不低于三级甲等；⑤师范类专业、播音与主持艺术专业、影视话剧表演专业以及其他与口语表达密切相关专业的学生：应达到行业主管部门的规定要求；⑥主要公共服务行业的从业人员：普通话水平应达到三级；⑦行业主管部门规定的其他应该接受测试的人员：应达到行业主管部门的规定要求。

第二节　普通话水平测试样卷

样卷一

一、读单音节字词（100 个音节，共 10 分，限时 3.5 分钟）

捺　卡　擦　波　佛　涡　割　赦　惹　测
紫　刺　丝　翅　拾　尔　派　改　崽　美
非　贼　昭　拢　凿　否　扣　抽　凑　版
氮　蘸　染　苯　愤　刃　棒　党　涨　耕
呈　圣　憎　统　脓　供　融　戚　当　什
夹　下　瞥　选　列　漂　鞘　扭　六　修
免　舔　乾　民　磷　明　令　酿　享　穷
兄　堡　簇　粟　母　挂　跨　划　拓　挪
块　怀　灰　催　绥　断　缓　转　囤　唇
吮　笋　矿　矩　诀　却　倦　均　群　畜

二、读多音节词语（100 个音节，共 20 分，限时 2.5 分钟）

举止　鼻子　冷落　选取　答应　水平　厂房　创伤　品德　包干儿
君权　累积　勋章　多么　迫害　剥削　群体　两栖　五谷　差点儿

同样　恰似　深化　蝌蚪　揣摩　才能　参观　操作　逃走　嗓门儿
台风　溶解　刷新　扭转　慨然　矛盾　描绘　民国　崩溃　饭馆儿
雄伟　率领　流传　非常　增强　部分　辩证法　望远镜　周而复始

三、朗读短文（400 个音节，共 30 分，限时 4 分钟）

作品 4 号（内容见第四章朗读部分）

四、命题说话（请在下列话题中任选一个，共 40 分，限时 3 分钟）

1. 童年的记忆
2. 谈谈卫生与健康

样卷二

一、读单音节字词（100 个音节，共 10 分，限时 3.5 分钟）

峦　坏　砂　口　颅　网　味　尼　炕　筛
鸣　莫　拐　运　牌　葬　封　表　曹　轰
钙　丝　妙　恩　惨　忧　痕　藻　活　缺
架　全　铸　词　稳　雄　准　儿　坑　睡
棕　踩　擦　份　两　肺　甜　撞　梯　列
穷　鸟　捐　牙　氮　洁　洼　抿　僵　特
取　锐　滚　蹿　北　凝　秀　迟　靶　欧
谏　起　训　登　惹　剖　崽　博　婶　弧
闪　瓜　瘾　苞　昂　郭　许　僧　利　柴
考　速　童　堆　嗓　吹　雪　栓　透　坪

二、读多音节词语（100 个音节，共 20 分，限时 2.5 分钟）

场所　配套　霜期　上层　生存　东欧　大腕儿
维持　波及　南北　麦子　抓紧　外宾　哈密瓜
脑髓　虐待　相似　灭亡　穷人　快速　小瓮儿

总统　关押　旋转　嘴唇　修改　养活　饭盒儿
轮流　闺女　佛法　医院　用途　而且　科学家
连日　作坊　群众　照片　柔软　率领　定律
情况　将军　政党　安排　面条儿　奋不顾身

三、朗读短文（400 个音节，共 30 分，限时 4 分钟）

作品 20 号（内容见第四章朗读部分）

四、命题说话（请在下列话题中任选一个，共 40 分，限时 3 分钟）

1. 我的家乡（或熟悉的地方）
2. 谈谈服饰

样卷三

一、读单音节字词（100 个音节，共 10 分，限时 3.5 分钟）

惨　眉　准　荒　锤　旱　普　风　摄　林
诊　滑　兜　死　盗　此　锚　扔　葬　边
承　颇　怀　胸　递　垄　致　山　瑟　遣
鳖　浓　我　下　屋　要　锣　二　垒　入
肯　酸　阁　苍　许　团　踹　鼻　友　螯
铁　债　剖　略　昂　碘　牛　使　驹　裹
枪　名　胞　窘　扶　喜　宫　谕　宰　凝
妆　末　飞　嫩　曰　榻　评　洽　港　沁
温　攥　开　运　茧　床　刁　娘　脚　侯
捐　缀　拨　劝　然　影　沟　溃　藤　训

二、读多音节词语（100 个音节，共 20 分，限时 2.5 分钟）

穷人　疲倦　拍摄　群众　专门　小鞋儿
润滑　层次　差额　辩证　石榴　捣毁

快速　民间　亏损　上空　夸张　恰好
冠军　修养　多寡　打算　安培　年头儿
个别　母体　废水　波长　外部　创造性
偶尔　愿意　身份　豆子　聊天儿　做活儿
富翁　佛学　利用　哀愁　劳动者　与日俱增

三、朗读短文（400 个音节，共 30 分，限时 4 分钟）

作品 3 号（内容见第四章朗读部分）

四、命题说话（请在下列话题中任选一个，共 40 分，限时 3 分钟）

1. 我的愿望
2. 我知道的风俗

样卷四

一、读单音节字词（100 个音节，共 10 分，限时 3.5 分钟）

爱　产　面　丢　闭　瘸　股　恽　开　降（降伏）
跳　隔　交　哪　庄　贼　播　砣　龟　宁（宁静）
铁　舜　江　恨　涌　磷　闩　索　猫　藏（西藏）
均　旺　走　份　翁　饶　笙　润　涨　尿（尿泡）
钓　秦　我　凡　恩　挎　宣　荫　虫　撒（撒播）
吨　铡　修　踩　绒　瞥　痣　司　叠　间（间谍）
胸　而　字　坡　嫌　掐　脓　蛆　俩　区（姓）
遍　宽　流　摸　狂　餐　杨　梯　尺　嘿
人　平　略　惹　捐　舞　嘭　腻　否　揣
纺　怪　则　骂　缓　驴　嘣　划　钉　掖

二、读多音节词语（100 个音节，共 20 分，限时 2.5 分钟）

恰巧　发抖　并存　阿门　扭搭　暴虐　小孩儿

讲究 押解 妇女 榫子 用力 蠢蠢 推选
质量 人权 短促 商品 参差 合群 干活儿
照片 日程 凶恶 受穷 总得 周围 萝卜
光明 描写 快乐 软食 叙谈 做梦 玩意儿
西瓜 军垦 听众 二话 廉价 决赛 金鱼儿
外婆 空前 鼠疮 高昂 仍然 心思 努嘴

三、朗读短文（400 个音节，共 30 分，限时 4 分钟）

作品 26 号（内容见第四章朗读部分）

四、命题说话（请在下列话题中任选一个，共 40 分，限时 3 分钟）

1. 我喜爱的文学（或其他）艺术形式
2. 谈谈卫生与健康

样卷五

一、读单音节字词（100 个音节，共 10 分，限时 3.5 分钟）

发 齿 召 胖 骑 拎 挪 蠢 刹 嗜
抄 纲 瞎 饼 挫 屡 薄 日 缫 尚
芽 鸣 拽 拒 抹 儿 透 藏 爹 凉
踹 趣 德 骇 着 瞪 苗 琼 快 绢
符 灾 版 横 搅 泳 瑞 玄 瑟 哀
谈 牛 铺 髓 群 饿 备 干 脓 柳
服 灌 寻 自 肥 黯 肿 厩 出 轮
尊 辞 黑 陈 绒 免 抓 捆 司 岛
伸 密 否 旷 之 告 仁 敌 评 托
黄 乃 叩 封 戒 巷 桂 薜 乐 同

二、读多音节词语（100个音节，共20分，限时2.5分钟）

久远　家禽　悄然　交融　叙述　弱点　怀抱　明白　古代　在哪儿

取舍　夸耀　嫩绿　他人　花生　王国　团体　亏损　灯笼　耳垂儿

抢险　烟卷　顷刻　铁路　训练　黄昏　喜欢　增长　对比　跑调儿

提防　全身　挫折　虽说　快乐　罢工　破裂　派遣　村庄　粉末儿

被告　敏感　姊妹　磁场　扭转　金丝猴　爵士乐　胸有成竹

三、朗读短文（400个音节，共30分，限时4分钟）

作品38号（内容见第四章朗读部分）

四、命题说话（请在下列话题中任选一个，共40分，限时3分钟）

1. 难忘的旅行

2. 我喜欢的明星

第三节　普通话水平测试的评分

普通话水平测试卷包括4个部分，满分为100分。

一、读单音节字词（100个音节，不含轻声、儿化音节，限时3.5分钟，共10分）

1. 测试目的

测查应试人声母、韵母、声调读音的标准程度。

2. 评分标准

（1）语音错误，每个音节扣0.1分。

（2）读音缺陷，每个音节扣0.05分。

（3）超时1分钟以内，扣0.5分；超时1分钟以上（含1分钟），扣1分。

语音错误是指普通话语音（音位）系统中，把一个音（音位）读作另一个音（音位），即把某个音节声母、韵母、声调中的任何一个或几个要素读成其他声母、韵母、声调。例如："涮"读成"shuā"，"踹"读成"zhuì"等。

语音缺陷是指发音没有完全达到标准程度，声母或者韵母有发音不到位的现象，声调略有误差。缺陷还包括一些在语音学上可以区分描写，而在普通话语音（音位）系统中不构成对立的语音现象。声母方面常见的缺陷有：把舌面前音 j、q、x 读成 z、c、s；舌尖前音声母 z、c、s 读作齿间音［tθ］、［tθʻ］、［θ］；读翘舌音声母时舌尖接触或接近上腭的位置过于靠后或靠前等；把舌根音 h［x］发成喉音［h］等。韵母读音的缺陷多表现为合口呼、撮口呼的韵母圆唇度明显不够，或者开口呼的韵母开口度不够；把单韵母央低元音［A］读成前低元音［a］或后低元音［ɑ］；复韵母舌位动程不够等。声调发音时，一般考生的调形、调势基本正确，但调值明显偏低或偏高，特别是四声的相对高点或低点明显不一致。如上声的调值是 214，但很多考生在读单音节的上声字时，末尾都没有上升到调值 4 的高度。

3. 要求

（1）100 个音节中，70% 选自《普通话水平测试用普通话词语表》"表一"（带＊的字词占 40%，不带＊的字词占 30%），另外 30% 选自《普通话水平测试用普通话词语表》"表二"。

（2）100 个音节中，每个声母出现的次数一般不少于 3 次、不超过 6 次；每个韵母出现的次数一般不少于 2 次（个别韵母另有提示）、不超过 4 次；4 个声调出现的次数大致均衡。

（3）音节的排列要避免同一测试要素连续出现。

二、读多音节词语（100 个音节，共 20 分，限时 2.5 分钟）

1. 测试目的

测查应试人声母、韵母、声调和变调、轻声、儿化读音的标准程度。

2. 评分标准

（1）语音错误，每个音节扣 0.2 分。

（2）读音缺陷，每个音节扣0.1分。

（3）超时1分钟以内，扣0.5分；超时1分钟以上（含1分钟），扣1分。

3. 要求

（1）词语的70%选自《普通话水平测试用普通话词语表》“表一”，另外30%选自《普通话水平测试用普通话词语表》“表二”。

（2）声母、韵母、声调出现的次数与“读单音节字词”的要求相同。

（3）上声与上声相连的词语不少于3个；上声（在前）和其他声调（阴平、阳平、去声、轻声）连读的词语不少于4个；轻声词语不少于3个；儿化词语不少于4个（应为不同的儿化韵母）。

（4）词语的排列要避免同一测试要素的集中出现。

三、朗读短文（1篇，400个音节，限时4分钟，共30分）

1. 测试目的

考查应试人使用普通话朗读书面作品的水平，在测查应试人声母、韵母、声调标准程度的同时，重点测查连读音变、停连、语调以及普通话流畅程度。

2. 评分标准

（1）每错1个音节，扣0.1分；漏读或增读1个音节，扣0.1分。

（2）声母或韵母的系统性缺陷，视程度扣0.5分、1分。

（3）语调偏误，视程度扣0.5分、1分、2分。

（4）停连不当，视程度扣0.5分、1分、2分。

（5）朗读不流畅（包括回读），视程度扣0.5分、1分、2分。

（6）超时扣1分。

3. 要求

（1）短文从《普通话水平测试用朗读作品》中选取。

（2）评分以朗读作品的前400个音节（不含标点符号和括注的音节）为限，但应试人应将第400个音节所在的句子读完整。

四、命题说话（限时3分钟，共40分）

1. 测试目的

测查应试人在没有文字凭借的情况下说普通话的水平，重点测查语音标准程度、词汇语法规范程度和自然流畅程度。

2. 评分标准

（1）语音标准程度，共25分。分六档：

一档：语音标准，或极少有失误。视程度扣0分、1分、2分。

二档：语音错误在10次以下，有方音但不明显。视程度扣3分、4分。

三档：语音错误在10次以下，但方音比较明显；或语音错误在10—15次之间，有方音但不明显。视程度扣5分、6分。

四档：语音错误在10—15次之间，方音比较明显。视程度扣7分、8分。

五档：语音错误超过15次，方音明显。视程度扣9分、10分、11分。

六档：语音错误多，方音重。视程度扣12分、13分、14分。

（2）词汇语法规范程度，共10分。分三档：

一档：词汇、语法规范。扣0分。

二档：词汇、语法偶有不规范的情况。视程度扣1分、2分。

三档：词汇、语法屡有不规范的情况。视程度扣3分、4分。

（3）自然流畅程度，共5分。分三档：

一档：语言自然流畅。扣0分。

二档：语言基本流畅，口语化较差，有背稿子的表现或者类似背稿。有所表现，扣0.5分；比较明显，扣1分。

三档：语言不连贯，语调不自然，语无伦次。有所表现，扣2分；比较严重，扣3分。

（4）朗读文本雷同视程度扣1分、2分、3分。

（5）无效话语视程度扣1分、2分、3分。

（6）离题视程度扣1分、2分、3分。

（7）说话不足3分钟，酌情扣分：

一档：缺时1分钟以内（含1分钟），视程度扣1分、2分、3分；

二档：缺时1分钟以上，视程度扣4分、5分、6分；

三档：说话不满30秒（含30秒），本测试项计为0分。

3. 要求

（1）说话话题从《普通话水平测试用话题》中选取，由应试人从给定的两个话题中选定1个话题，连续说一段话。

（2）应试人单向说话。如发现应试人有明显背稿、离题、说话难以继续等表现时，主试人应及时予以提示或引导。

第二章　单音节字词

汉语语音的基本单位是音节，音节一般由声母、韵母和声调三个部分组成。普通话水平测试第一题是读单音节字词，该测试项测查应试人声母、韵母、声调读音的标准程度。

第一节　声母

一、普通话声母概述

（一）声母

声母是音节开头的辅音。如“guǎng”（广）和“zhōu（州）”两个音节中的辅音“g”和“zh”就是声母。普通话有 22 个声母，除零声母外，都由辅音充当，包括：b、p、m、f、d、t、n、l、g、k、h、j、q、x、zh、ch、sh、r、z、c、s。

（二）分类

可根据辅音的发音部位和发音方法给声母分类。

1. 按发音部位分类

发音部位是指辅音发音时气流在口腔或咽腔中受到阻碍的位置。根据气流在口腔或咽腔中受阻的位置，可以将声母分为 7 类：

（1）双唇音（上唇/下唇）：b、p、m。

（2）唇齿音（上齿/下唇）：f。

（3）舌尖中音（舌尖/上齿龈）：d、t、n、l。

（4）舌根音（舌根/软腭）：g、k、h。

（5）舌面音（舌面前部/硬腭前部）：j、q、x。

（6）舌尖后音（舌尖/硬腭前部）：zh、ch、sh、r。

（7）舌尖前音（舌尖/上齿背）：z、c、s。

2. 按发音方法分类

发音方法是指发辅音时气流在口腔受到阻碍和克服阻碍的方式。可以从气流在口腔受到阻碍和克服阻碍的方式、气流的强弱以及声带是否振动等三个方面对声母进行分类。

（1）根据气流在口腔受到阻碍和克服阻碍的方式，普通话辅音声母可以分为：

塞音：b、p、d、t、g、k

发音时，发音部位两点紧闭、紧贴接近成阻碍，接着送气，形成阻碍部位肌肉持续紧张，继而突然将形成阻碍部位的两部分放开，气流冲破阻碍，爆破成声。

擦音：f、h、x、sh、r、s

发音时，发音部位的两点接近，中间留一条缝隙，气流从发音部位两点间的缝隙迅速挤过，发出摩擦的声音。

塞擦音：j、q、zh、ch、z、c

发音时，发音部位的两点接触，对气流形成阻碍，让气流通过开始发声，在保持阻碍的后阶段，把阻碍部分放松一些，由塞音变成擦音，让气流继续送出成音。

鼻音：m、n

发音时，发音部位的两点紧闭或紧接，封住口腔出气的通道，颤动声带，气流进入口腔，同时，软腭、小舌下垂，打开鼻腔通道，气流与鼻腔共鸣，使气流和音波从鼻孔送出。

边音：l

发音时，舌尖抵住上齿龈，软腭上升，阻塞鼻腔通路，声带振动，气流从舌头两边出来发出的音。

（2）根据发音时气流的强弱可以把普通话辅音声母中的塞音和塞擦音分为送气音和不送气音。

送气音是发音时气流较强的音，如：p、t、k、q、ch、c。

不送气音是发音时气流较弱的音，如：b、d、g、j、zh、z。

(3) 根据发音时声带振动与否，可以把普通话辅音声母分为清音和浊音。

清音是发音时声带不振动的音，普通话声母属清音的有 b、p、f、d、t、g、k、h、j、q、x、zh、ch、sh、z、c、s。

浊音是发音时声带振动的音，普通话声母属浊音的有 m、n、l、r。

我们学习声母可以根据发音部位和发音方法，一组一组地分别进行学习（见下表）。同一个字，方言和普通话的声母可能不同，如“史”在普通话中声母读的是翘舌音，而粤方言中读的则是平舌音。另外，许多字音在方言中带声母，但在普通话中属于零声母。如“蚊”在粤方言和客家方言中都有声母“m”，在普通话中属零声母。我们要特别注意这些方言和普通话的对应。

普通话声母总表

辅音 发音方法 / 发音部位	塞音		塞擦音		擦音		鼻音	边音
	清音		清音					
	不送气	送气	不送气	送气	清音	浊音	浊音	浊音
双唇音（上唇下唇）	b	p					m	
唇齿音（上齿下唇）					f			
舌尖前音（舌尖上齿背）			z	c	s			
舌尖中音（舌尖上齿龈）	d	t					n	l
舌尖后音（舌尖硬腭前）			zh	ch	sh	r		
舌面音（舌面前硬腭前）			j	q	x			
舌根音（舌根软腭）	g	k			h			

二、声母辨音

广东的考生大多来自粤、客、闽三大方言区，所说的普通话受方言的影响较大，往往会出现一些语音错误或缺陷。以下内容主要是根据方言区考生常见的一些问题进行纠正，提出一些可行性建议，方便考生辨音，主要步骤如下：

第一，掌握好辅音声母的发音部位和发音方法。

第二，夸张练习。

第三，注意体会每个声母的本来发音（本音）。

（声母的发音有两种：本音和呼读音。本音是每个声母所代表的音，用来拼音；呼读音是每个声母的读音，用来称呼声母。重点是本音。）

第四，字词练习时，以拼音引路，先读注音，再对照汉字，以检查普通话读音与自己方言读音之间的差异，并尽量找出对应规律。

第五，朗读片段练习要分阶段：夸张——→慢速——→加速。

第六，诗歌练习供学生自由选择，增添这部分内容主要是为了放松考生备考的紧张情绪，缓解压力。

（一）zh、ch、sh 和 z、c、s

zh、ch、sh 与 z、c、s 是粤、客、闽三大方言区的学生都容易发错或者发音发得不到位的两组音。粤方言和部分客家方言都只有平舌音，没有翘舌音，所以考生容易发错这两组音。在正音时，首先要明确这两组音的发音部位和发音方法。二者的区别在于发音部位的不同，zh、ch、sh 发音时舌尖上翘，抵住硬腭的前部，而 z、c、s 发音时舌尖是抵住上齿背，前者翘舌，后者平舌。

考生发 zh、ch、sh 时最常见的错误是舌身未后缩，舌尖翘得不到位，抵上齿龈，发出的音没有翘舌的音色；也有部分考生矫枉过正，舌身后缩过多，舌尖卷起，发成“大舌头”卷舌音。这都是不正确的发音方法，需要及时纠正，加强练习。z、c、s 正确的发音部位是舌尖伸平，顶住或接近上齿背。

明确发音部位和发音方法之后，还要清楚哪些字的声母该读翘舌音 zh、ch、sh，哪些字的声母该读平舌音 z、c、s。以下是三个平、翘舌音辨记方法：

（1）利用普通话声韵调拼合规律类推记忆。如：zh、ch、sh 只与 uɑ、uɑi、uɑng 相拼，z、c、s 不与 uɑ、uɑi、uɑng 相拼。

（2）记少不记多。如："z—en" 少，只有"怎"一个字，而"zh—en" 多，真、珍、诊……

（3）利用形声字的声旁类推记忆。借其中的少数代表字，类推记住绝大部分字。如"曾、宗、卒、采、仓、曹、从、散、司、叟、遂"作偏旁的字，绝大多数是平舌音，"占、中、主、专、朝、成、出、少、善、申、生"作偏旁的字，绝大多数是翘舌音。本节后附"平翘舌偏旁辨记"可供考生参考。

字词练习

zh—z　渣—匝　闸—杂　眨—咋　摘—栽　窄—宰　债—在　沾—簪
斩—攒　站—暂　张—脏　长—藏　帐—葬　招—遭　着—凿
找—早　赵—造　折—则　这—仄　诊—怎　治—字　周—邹
肘—走　皱—奏　专—钻

ch—c　插—擦　拆—猜　柴—才　搀—参　馋—残　铲—惨　昌—仓
常—藏　抄—操　潮—曹　吵—草　彻—策　沉—岑　承—层
秤—蹭　臭—凑　出—粗　厨—徂　触—醋　船—攒　串—窜
吹—催　春—村　纯—存

sh—s　杀—撒　傻—洒　煞—飒　筛—腮　晒—赛　山—三　闪—伞
善—散　商—桑　赏—嗓　上—丧　捎—骚　吮—损　少—扫
射—色　深—森　声—僧　师—斯　使—死　是—四　收—搜
守—叟　受—嗽　涮—算

z—zh　在职　杂质　载重　增长　总账　奏章　阻止　诅咒　罪证
尊重　佐证

zh—z　渣滓　张嘴　种族　长子　沼泽　振作　张嘴　正字　宅子
指责　治罪

c—ch　财产　操场　裁处　采茶　彩绸　餐车　残春　参禅　辞呈
粗茶　错处

ch—c 车次 唱词 蠢材 纯粹 差错 场次 陈词 成材 除草 楚辞 冲刺

s—sh 散失 桑葚 丧失 扫射 私塾 死水 四声 私事 四时 松树 算术

sh—s 哨所 山色 深思 深邃 申诉 神思 输送 生涩 生死 绳索 世俗

诗歌练习

红藕香残玉簟秋，轻解罗裳，独上兰舟。云中谁寄锦书来？雁字回时，月满西楼。　花自飘零水自流，一种相思，两处闲愁。此情无计可消除，才下眉头，却上心头。（李清照《一剪梅》）

娉娉袅袅十三余，豆蔻梢头二月初。
春风十里扬州路，卷上珠帘总不如。（杜牧《赠别》）

朗读片段练习

诞生于上个世纪三十年代的塑料袋，其家族包括用塑料制成的快餐饭盒、包装纸、餐用杯盘、饮料瓶、酸奶杯、雪糕杯等等。（作品60号）

那是力争上游的一种树，笔直的干，笔直的枝。它的干呢，通常是丈把高，像是加以人工似的，一丈以内，绝无旁枝。（作品1号）

阿诺德很快就从集市上回来了。向老板汇报说到现在为止只有一个农民在卖土豆，一共四十口袋，价格是多少多少；土豆质量很不错，他带回来一个让老板看看。（作品2号）

（二）n、l

广东不少方言中n、l都存在不同程度的混淆。n、l发音部位相同，都是舌尖中音，用舌尖和上齿龈形成阻碍，发音时声带振动，是浊音。不同之处在于发音方法中的阻碍方式：发n时，舌尖及舌边均上举，顶住上齿龈，带动整个舌面周围跟硬腭的周围密合，软腭下降，鼻孔出气，同时声带振动。发l时舌尖前端上举，顶住齿龈（不顶满），舌尖两边跟硬腭的两侧保持适当的间隙，软腭上升，声带振动，气流从舌头两边透出。

训练时，首先找准 n、l 的发音部位和发音方法，可以采用前字引导正音法。

n：在 n 声母的前面加一个用 n 作韵尾的音节，两字连续。因发音部位相同，方法相近（只是除阻不除阻的区别），易发准 n 的声母。如：kàn—na 看哪，xīn—nián 新年。又如：

烂泥　蛮牛　叛逆　金牛　潜能　仙女　南宁

l：在 l 声母的前面加上一个 ge、ke 的音节，借 g、k 发音时的舌跟抬高，相对限制了软腭下降，使它不适于发鼻音而发边音。如："gè lèi 各类"，"kē lì 颗粒"。又如：

隔离　可怜　可乐　克隆　阁楼　割裂　刻录

其次，记住哪些字该读 n，哪些字该读 l，方法如下：

（1）利用形声字的声旁类推辨正，记忆类推表。

n：宁—宁　拧　咛　狞　柠　宁（宁可）泞

l：力—力　荔　历　沥　劣（liè）　肋（lèi）　勒（lè）

（2）记少不记多。在汉字中，n 声母字比 l 声母字少；有的韵母，如 ü、ei、u、ou、uan、ang、iang、in 等，n 声母的字很少，而相应的 l 声母字却比较多。因此，只要记住 n 声母的字，l 声母的字也就记住了。

字词练习

l	拉力	利落	流利	履历	罗列	轮流	
n	奶牛	男女	恼怒	能耐	泥泞	农奴	
n—l	奶酪	耐劳	脑力	内力	内陆	奴隶	女郎
	逆流	尼龙	嫩绿	能力	能量	年历	年轮
	年龄	暖流	鸟类	农林	农历	努力	

l—n 冷暖 留念 流年 老年 老衲 老娘

老牛 老农 蓝鸟 林农 龙脑 历年

诗歌练习

春来江水绿如蓝，能不忆江南？ （白居易《忆江南》）

相见时难别亦难，东风无力百花残。 （李商隐《无题》）

乘兴南游不戒严，九重谁省谏书函。

春风举国裁宫锦，半作障泥半作帆。 （李商隐《隋宫》）

朗读片段练习

布鲁诺很不满意老板的不公正待遇。终于有一天他到老板那儿发牢骚了。老板一边耐心地听着他的抱怨，一边在心里盘算着怎样向他解释清楚他和阿诺德之间的差别。 （作品2号）

它不像汉白玉那样的细腻，可以刻字雕花，也不像大青石那样的光滑，可以供来浣纱捶布。 （作品3号）

美国的送报员总是把报纸从花园篱笆的一个特制的管子里塞进来。假如你想穿着睡衣舒舒服服地吃早饭和看报纸，就必须离开温暖的房间，冒着寒风，到花园去取。 （作品4号）

（三）g、k、h

粤、客方言区的学生容易将舌根声母 h [x] 发成几乎不带摩擦的通音 [h]，要纠正这一发音主要在于对气流的控制。在发 h 声母时，首先舌面后应向软腭部位靠拢，使气流出来时带上明显的摩擦；然后尽可能地将气流引到口腔上部，让气流打在软腭的位置上。此外，由于粤、客方言区的学生在发相同部位的塞音声母 g、k 时一般是比较准确的，因此，也可以借助 g、k 的发音引导 h 的发音，即发音时，先发声母 g、k，然后保持 g、k 音的发音部位，将发音方法从塞音变为擦音，这样就能比较准确地发出 h 声母。

字词练习

g　杠杆　高贵　更改　攻关　公告　古怪　挂钩　灌溉　规格

k　开阔　慷慨　旷课　困苦　坎坷　空旷　苛刻　可靠　宽阔

h　豪华　荷花　合伙　后悔　欢呼　缓和　挥霍　毁坏　祸害

诗歌练习

春城无处不飞花，寒食东风御柳斜。
日暮汉宫传蜡烛，轻烟散入五侯家。　　（韩翃《寒食》）
少小离家老大回，乡音无改鬓毛衰。
儿童相见不相识，笑问客从何处来。　　（贺知章《回乡偶书》）

朗读片段练习

莱伊恩自信只要一根坚固的柱子足以保证大厅安全，他的“固执”惹恼了市政官员，险些被送上法庭。他非常苦恼，坚持自己原先的主张吧，市政官员肯定会另找人修改设计；不坚持吧，又有悖自己为人的准则。（作品 19 号）

台湾岛上的山脉纵贯南北，中间的中央山脉犹如全岛的脊梁。西部为海拔近四千米的玉山山脉，是中国东部的最高峰。　　（作品 56 号）

（四）j、q、x

粤、客方言中不存在普通话中的舌面音声母 j、q、x，因而在发这套声母时必然会存在一定的偏差。在普通话中，舌面音声母 j、q、x 只与齐齿呼和撮口呼的韵母相拼，而舌尖前音声母 z、c、s 一般不与齐齿呼和撮口呼的韵母相拼。但在粤、客方言中，舌尖前音与齐齿呼和撮口呼的韵母相拼是非常自然的，因此，在一般情况下，考生会将普通话中的 j、q、x 声母用 z、c、s 代替，从而导致发音不准确，如将“jiāo（交）”误读成“ziāo”，将“qǐng（请）”误读成“cǐng”，将“xiǎng（想）”误读成“siǎng”。

要纠正这一发音偏差，主要还是要让学生将舌面正确抬高，强化舌面前这一发音部位。事实上，为了配合舌面抬高的这一动作，我们的舌尖可稍微抵着下齿背的位置，但舌尖不能用力，这样舌面就会很自然地拱起，继而发出舌面音。接着就进行强化练习。

字词练习

j 基金 积极 急剧 寂静 嘉奖 加紧 艰巨 将近 降价 交际
q 齐全 乞求 恰巧 前期 亲切 情趣 取巧 躯壳 秋千 强权
x 细心 下乡 先行 现象 详细 小型 肖像 新鲜 虚心 选修

诗歌练习

云想衣裳花想容，春风拂槛露华浓。
若非群玉山头见，会向瑶台月下逢。 （李白《清平调》）
渭城朝雨浥轻尘，客舍青青柳色新。
劝君更尽一杯酒，西出阳关无故人。 （王维《送元二使安西》）

朗读片段练习

就在他即将离去的前一个晚上，天下起了倾盆大雨，并且一下就是三天三夜。 （作品20号）

我在加拿大学习期间遇到过两次募捐，那情景至今使我难以忘怀。一天，我在渥太华的街上被两个男孩子拦住去路。 （作品21号）

水对今天的生命是如此重要，它对脆弱的原始生命，更是举足轻重了。 （作品13号）

（五）f、h

唇齿音f和舌根音h都是清擦音，区别只在阻碍的部位上。f是上齿和下齿的阻碍，h是舌根和软腭的阻碍。闽方言区的考生容易把f全部误读成h，粤、客方言区考生h和f的混淆主要发生在h与u或以u为韵头的韵母相拼的时候，将一些原本应读h声母的字误读成f声母。如："花"误读成"发"，"虎头"误读成"斧头"，"晃荡"误读成"放荡"，"开化"误读成"开发"等等。

字词练习

f—h　发—花　乏—滑　赋—护　敷—忽　浮—糊　俯—琥　飞—灰
　　肥—茴　匪—毁　凡—寰　芳—慌　房—黄　纺—幌　放—晃
　　奉—哄　翻—欢

f—h　复发—护发　防空—航空　附注—互助　富丽—互利　幅度—弧度

h—f　虎头—斧头　护士—富士　护法—伏法　窗户—娼妇　交互—交付

成语练习

翻云覆雨　返老还童　防患未然　焕然一新

发奋图强　翻天覆地　胡作非为　呼风唤雨

回光返照　风华正茂　风云变幻　逢凶化吉

狐假虎威　绘声绘色　防不胜防　飞黄腾达

诗歌练习

日照香炉生紫烟，遥看瀑布挂前川。
飞流直下三千尺，疑是银河落九天。　（李白《望庐山瀑布》）
独怜幽草涧边生，上有黄鹂深树鸣。
春潮带雨晚来急，野渡无人舟自横。　（韦应物《滁州西涧》）
千里莺啼绿映红，水村山郭酒旗风。
南朝四百八十寺，多少楼台烟雨中。　（杜牧《江南春》）

朗读片段练习

那位学生更加激动了："肯定有！白话文废话太多，打电报用字多，花钱多。"胡适的目光顿时变亮了。　（作品15号）

"好啦，谢天谢地！"我高兴地说，"马上就到过夜的地方啦！"船夫扭头朝身后的火光望了一眼，又不以为然地划起桨来。　（作品16号）

一个个峡谷和悬崖，迎面驶来，又向后移去，仿佛消失在茫茫的远方，而火光却依然停在前头，闪闪发亮，令人神往——依然是这么近，又依然是那么远……　（作品16号）

（六）r

普通话的舌尖后音除了 zh、ch、sh 外，还有一个浊擦音 r，这也是南方很多方言语音系统中没有的声母。普通话 r 声母所辖字在这些方言中大多读为一个半元音色彩的［j］声母。因此，考生在发这个声母时由于受方言的影响，基本都会发成一个舌位略靠后的［j］声母，与 r 的实际发音有所差异。

从发音部位看，r 是舌尖后音，同 zh、ch、sh 发音部位一样，是由舌尖和硬腭前部构成阻碍而发出的音。从发音方法看，r 是浊擦音，发音时，舌尖上翘，抵住硬腭前部留一条小缝，声带振动，气流从小缝中摩擦而出成音。为了找到正确的感觉，可以先发 sh 音，然后保持口型和舌位不动，振动声带，即发出 r 音。普通话 r 声母的字不多，约 60 个，可用代表字类推记忆。

字词练习

r—y　肉—右　柔—油　然—言　染—演　软—远　入—欲　绕—要
　　然—严　嚷—养　蓉—庸　如—鱼　阮—远　日—义　人—银
　　饶—摇　热—烨

r—l　瓤—郎　若—落　热—乐　肉—漏　让—浪　然—兰　忍—冷
　　润—论　染—懒　仍—棱　乳—卤　软—卵　冗—龙　绕—烙
　　柔—楼　入—陆

r—y　日子—义子　人气—银器　任满—隐瞒　如何—遇合
　　人格—严格　如意—寓意　熔铸—永驻　软件—元件

r—l　入境—路径　入口—路口　热天—乐天　溶洞—龙洞
　　柔道—楼道　如火—炉火　弱点—落点　戎马—龙马

r—l　人伦　容量　热烈　燃料　扰乱　锐利　软肋

l—r　老人　利润　连任　录入　礼让　鹿茸　缭绕

r—y　肉眼　荣誉　如愿　容易　惹眼　燃油　软硬

y—r　依然　有人　鱼肉　引入　犹如　艺人　炎热

诗歌练习

两株桃杏映篱斜，妆点商州副使家。

何事春风容不得，和莺吹折数枝花。（王禹偁《春居杂兴》）

众芳摇落独暄妍，占尽风情向小园。
疏影横斜水清浅，暗香浮动月黄昏。
霜禽欲下先偷眼，粉蝶如知合断魂。
幸有微吟可相狎，不须檀板共金樽。（林逋《山园小梅》）

朗读片段练习

夕阳落山不久，西方的天空，还燃烧着一片橘红色的晚霞。大海，也被这霞光染成了红色，而且比天空的景色更要壮观。（作品12号）

生命在海洋里诞生绝不是偶然的，海洋的物理和化学性质，使它成为孕育原始生命的摇篮。（作品13号）

三、补充练习

（一）舌尖后音练习

zh	战争	种植	政治	郑重	中转	壮志
	茁壮	专职	主张	庄重	专制	制止
ch	车床	超产	查抄	拆除	铲除	长处
	出产	长城	驰骋	出差	穿插	惆怅
sh	事实	史诗	适时	山水	少数	设施
	手术	顺手	神圣	声势	受伤	伤逝
r	柔软	仍然	容忍	荣辱	忍让	惹人

（二）舌尖前音练习

z	总则	宗族	罪责	自尊	藏族	自作
	祖宗	栽赃	在座	走卒	造作	自在
c	参差	苍翠	粗糙	草丛	层次	从此
	仓促	摧残	猜测	措辞	残存	匆促
s	琐碎	松散	思索	色素	诉讼	洒扫
	撕碎	搜索				

（三）平翘舌的对比练习

z—zh	早—找	自—治	栽—摘	
	在—寨	赃—张	赞—站	
c—ch	次—翅	催—吹	错—绰	
	撮—戳	财—柴	蚕—缠	
s—sh	撒—沙	丧—尚	骚—烧	
	伞—陕	腮—筛	髓—水	
z—zh	作者	增长	自治	宗旨
	总之	阻止	最终	作战
zh—z	正在	指责	制造	中子
	种族	著作	转载	沼泽
c—ch	财产	促成	残春	操持
	彩超	草场	存储	曹冲
ch—c	场次	储藏	纯粹	揣测
	成才	差错	唱词	尺寸
s—sh	散射	丧失	私事	所属
	虽说	随时	损伤	宿舍
sh—s	上诉	神色	收缩	输送

（四）区分平翘舌（即 zh、ch、sh 和 z、c、s）

主力	支援	姓周	大志	找到	知识
阻力	资源	姓邹	大字	早到	姿势
绵纸	战时	负债	摘花	铡草	正品
棉籽	暂时	负载	栽花	杂草	赠品
嘱咐	站住	地址	纸的	照旧	札记
祖父	赞助	弟子	紫的	造就	杂记
智力	招赘	智齿	治虫	战歌	专心

自立	遭罪	自此	自从	赞歌	钻心
初步	木柴	推迟	一成	乱吵	两翅
粗布	木材	推辞	一层	乱草	两次
吹动	臼齿	常住	触动	超出	新春
催动	就此	藏住	促动	出操	新村
商业	事迹	高山	筛子	熟语	申述
桑叶	司机	高三	塞子	俗语	申诉
闪光	收集	午睡	诗人	史记	师长
散光	搜集	五岁	私人	死记	司长
冲刷	产纸	赤字	常量	纱网	深深
葱蒜	蚕子	刺字	藏量	撒网	森森

（五）n—l 的对比练习

脑子—老子	男鞋—蓝鞋	大怒—大路	浓重—隆重
女客—旅客	内线—泪腺	黄泥—黄梨	一年—一连
难住—拦住	水牛—水流	无奈—无赖	南宁—兰陵
男女—褴褛	小牛—小刘	留念—留恋	泥巴—篱笆
允诺—陨落	闹灾—涝灾	门内—门类	鸟雀—了却
老农—老龙	年内—连累		

（六）区分鼻、边音（即 n 和 l）

拿手	恼怒	恼人	男子	畏难
拉手	老路	老人	篮子	蔚蓝
南部	南宁	浓重	蓝布	兰陵
闺女	大陆	规律	理想	老牛
水流	连长	分裂	年长	干粮

努力	奴隶	年龄	逆流	耐劳
农林	南楼	内陆	农历	脑力
暖流	牛郎	尼龙	南岭	牛奶
男女	泥泞	能耐	农奴	那年
袅娜	扭捏	奶娘	岭南	拉拢
烂泥	两难	辽宁	冷暖	理论
力量	来历	琉璃	流利	玲珑
嘹亮	老练	流露	罗列	冷落
浏览	联络	流离	凝固	领略

琳琅满目　花红绿柳　流连忘返　流离失所　林茂粮丰　浪里行船

力挽狂澜　量才录用　歌声嘹亮　雷厉风行　落花流水　沉稳老练

附录一

zh—z、sh—s 偏旁辨记

1．zh 声母

丈—zhàng 丈仗杖

专—zhuān 专砖　zhuǎn 转（转身、转达）

　　zhuàn 转（轮子转动）传（传记，又念 chuán［宣传］）啭

支—zhī 支枝肢

止—zhǐ 止芷趾

中—zhōng 中（中央）忠钟盅衷

　　zhǒng 种（种子）肿　zhòng 中（中暑）种（种植）

　　仲（冲念 chōng［冲锋］，又念 chòng［冲劲儿］）

长—zhāng 张　zhǎng 长（生长、班长，长又念 cháng［长短］）涨（涨潮）

　　zhàng 胀帐涨（头昏脑涨）

主—zhǔ 主拄　zhù 住注炷驻蛀柱

正—zhēng 正（正月）怔（怔忡）征症（症结）

zhěng 整　zhèng 正证政症（症状）

占—zhān 沾毡粘（粘贴）　zhàn 占战站（砧念 zhēn，钻念 zuān［钻研］，又念 zuàn［钻石］）

只—zhī 只（两只手、只身）织　zhí 职　zhǐ 只（只有）

zhì 帜（识念 shí［识别］，炽念 chì［炽热］）

召—zhāo 招昭　zhǎo 沼　zhào 召（号召）诏照（召又念 shào［姓］）

执—zhí 执　zhì 贽挚鸷　zhé 蛰

至—zhí 侄　zhì 至郅致窒蛭

贞—zhēn 贞侦祯桢帧

朱—zhū 朱诛侏茱珠铢蛛（殊念 shū）

争—zhēng 争挣（挣扎）峥狰铮睁筝　zhèng 诤挣（挣脱）

志—zhì 志痣

折—zhē 折（折跟头）　zhé 折（折磨）哲蜇（海蜇）

zhè 浙（折又念 shé［棍子折了］，誓念 shì）

者—zhě 者赭　zhū 诸　zhǔ 渚煮　zhù 著箸（储褚楮念 chǔ）

直—zhí 直值植殖（繁殖）　zhì 置

知—zhī 知蜘　zhì 智（痴念 chī）

珍—zhēn 珍　zhěn 诊疹（趁念 chèn）

真—zhēn 真　zhěn 缜　zhèn 镇（慎念 shèn）

振—zhèn 振赈震（辰宸晨念 chén）

章—zhāng 章漳彰嫜蟑（蟑螂）　zhàng 障嶂幛瘴

啄—zhuō 涿　zhuó 啄琢

2. z 声母

子—zī 孜　zǐ 子仔籽

匝—zā 匝　zá 砸

宗—zōng 宗综（综合）棕踪鬃　zǒng 粽

卒—zú 卒（小卒）　zuì 醉

责—zé 责啧帻箦

兹—zī 兹（兹定于）滋孳

祖—zū 租　zǔ 诅阻组俎祖

资—zī 咨姿资趑　zì 恣

造—zào 造（糙念 cāo）

尊—zūn 尊遵樽

曾—zēng 曾（姓）憎缯　zèng 赠（曾又念 céng［曾经］）缯（缯起来，动词）

赞—zǎn 攒（积攒）趱　zàn 赞

澡—zǎo 澡藻　zào 噪燥躁

3．sh 声母

山—shān 山　shàn 讪汕疝

少—shā 沙莎纱砂裟鲨　shà 沙（沙一沙，动词）

shǎo 少（少数）　shào 少（少年）（娑念 suō）

市—shì 市柿铈

申—shēn 申伸呻绅砷　shén 神　shěn 审婶

生—shēng 生牲胜（胜任）笙甥　shèng 胜（胜利）

召—sháo 苕（红苕）韶　shào 召（姓）邵（姓）绍（介绍）

式—shì 式试拭轼弑

师—shī 师狮　shāi 筛（蛳念 sī）

抒—shū 抒纾舒

诗—shī 诗　shì 侍恃（寺念 sì）

时—shí 时鲥

叔—shū 叔淑菽

尚—shǎng 赏　shàng 尚　shang 裳（衣裳）（徜念 cháng［徜徉］）

受—shòu 受授绶

舍—shá 啥　shě 舍（舍弃）　shè 猞（猞猁）舍（宿舍）

刷—shuā 刷　shuà 刷（刷白）　shuàn 涮

珊—shān 删姗珊栅（栅极，栅又念 zhà［栅栏］）跚（蹒跚）

扇—shān 扇（动词）煽　shàn 扇（扇子，两扇窗）

4. s 声母

四—sì 四泗驷

司—sī 司　sì 伺饲嗣

孙—sūn 孙荪狲（猢狲）

松—sōng 忪（惺忪，忪又念 zhōng［怔忪］）松淞　sòng 颂讼

思—sāi 腮鳃　sī 思锶

叟—sǎo 嫂　sōu 溲搜馊飕艘（瘦念 shòu）　sǒu 叟

素—sù 素愫嗉

唆—suān 酸　suō 唆梭

桑—sāng 桑　sǎng 搡嗓颡

遂—suí 遂（半身不遂）　suì 遂（遂心）隧燧邃

散—sā 撒（撒手）　sǎ 撒（撒种）　sǎn 散（散漫）馓
sàn 散（散会）

斯—sī 斯厮澌撕嘶

锁—suǒ 唢（唢呐）琐锁

附录二

n 和 l 声母字类推字表

1. n 声母

那—nǎ 哪　nà 那　nuó 挪娜（袅娜）

乃—nǎi 乃奶

奈—nài 奈　nà 捺

南—nán 南喃楠　nǎn 蝻腩

脑—nǎo 恼脑

内—nèi 内　nè 讷　nà 呐衲钠

尼—ní 尼泥呢　nì 昵

倪—ní 倪霓

念—niǎn 捻　niàn 念

捏—niē 捏　niè 涅

聂—niè 聂蹑

宁—níng 宁咛狞柠　nìng 宁（宁可）泞

纽—niū 妞　niǔ 扭纽钮

农—nóng 农浓脓

奴—nú 奴孥驽　nǔ 努　nù 怒

诺—nuò 诺　nì 匿

懦—nuò 懦糯

虐—nüè 虐疟

2. l 声母

剌—lǎ 喇（喇叭）　là 刺辣瘌

腊—là 腊蜡　liè 猎

赖—lài 赖癞籁　lǎn 懒

兰—lán 兰拦栏　làn 烂

蓝—lán 蓝篮　làn 滥

览—lǎn 览揽缆榄

劳—lāo 捞　láo 劳痨　lào 涝

乐—lè 乐　lì 砾

雷—léi 雷擂镭　lěi 蕾

垒—lěi 垒

累—lèi 累（劳累）　luó 骡螺

里—lí 厘狸　lǐ 里理鲤　liàng 量

利—lí 梨犁　lì 利俐痢

离—lí 离篱　li 璃（玻璃）

立—lì 立粒笠　lā 拉垃啦

厉—lì 厉励

力—lì 力荔　liè 劣　lèi 肋　lè 勒

历—lì 历沥

连—lián 连莲涟　liàn 链

廉—lián 廉濂镰

脸—liǎn 敛脸 liàn 殓

炼—liàn 练炼

恋—liàn 恋 luán 峦孪鸾滦

良—liáng 良粮 láng 郎廊狼榔螂 lǎng 朗 làng 浪

梁—liáng 梁粱

凉—liáng 凉 liàng 谅晾 lüè 掠

两—liǎng 两俩（伎俩） liàng 辆 liǎ 俩

列—liě 咧 liè 列裂烈 lì 例

林—lín 林淋琳霖 lán 婪

鳞—lín 嶙璘磷鳞麟

令—líng 伶玲铃羚聆龄 lǐng 岭领 lìng 令 lěng 冷 lín 邻 lián 怜

菱—líng 凌陵菱 léng 棱（棱角）

留—liū 溜 liú 留馏榴瘤

流—liú 流琉硫

柳—liǔ 柳 liáo 聊

龙—lóng 龙咙聋笼（鸟笼） lǒng 陇垄拢

隆—lóng 隆窿癃

娄—lóu 娄喽（喽啰）楼 lǒu 搂篓 lǚ 缕屡

鲁—lǔ 鲁橹

录—lù 录禄碌 lǜ 绿氯

鹿—lù 鹿辘

路—lù 路鹭露

戮—lù 戮 liáo 寥缪 liǎo 蓼 liào 廖

仑—lūn 抡 lún 仑伦沦囵轮 lùn 论

罗—luó 罗逻萝锣箩啰（啰唆）

洛—luò 洛落络骆 lào 烙酪 lüè 略

吕—lǚ 吕侣铝

虑—lǜ 虑滤

附录三

f 和 h 声母字类推字表

夫—fū 夫肤麸 fú 芙扶

父—fǔ 斧釜 fù 父

付—fú 符 fǔ 府俯腑腐 fù 付附

fu 咐（吩咐）

弗—fú 绋氟弗拂佛（仿佛） fó 佛（佛祖）

fèi 沸费狒

伏—fú 伏茯袱

甫—fū 敷 fǔ 甫辅 fù 傅缚

孚—fū 孵 fú 孚俘浮

复—fù 复腹馥覆

畐—fú 幅福辐蝠 fù 副富

分—fēn 分芬吩纷 fěn 粉 fèn 份忿

凡—fān 帆 fán 凡矾

反—fǎn 反返 fàn 饭贩

番—fān 翻番

方—fāng 方芳 fáng 防妨房肪 fǎng 仿访纺 fàng 放

乏—fá 乏 fàn 泛

发—fā 发（发展） fà 发（头发） fèi 废

伐—fá 伐阀筏

风—fēng 风枫疯 fěng 讽

非—fēi 非菲啡扉 fěi 诽匪 fèi 痱

夆—fēng 峰烽锋蜂

火—huǒ 火伙

禾—hé 禾和

或—huò 或惑

户—hù 户沪护戽

虎—hǔ 虎唬
忽—hū 忽惚
胡—hú 胡湖葫糊蝴
狐—hú 弧狐
化—huā 花哗　huá 华铧　huà 化华（华山）　huò 货
活—huó 活　huà 话
灰—huī 灰恢诙
回—huí 回茴蛔　huái 徊
会—huì 会绘烩
挥—huī 挥辉　hún 浑
悔—huǐ 悔　huì 诲晦
惠—huì 惠蕙
红—hóng 红虹鸿
洪—hōng 哄（哄抢）烘　hóng 洪　hǒng 哄（哄骗）　hòng 哄（起哄）
怀—huái 怀　huài 坏　huán 还环
淮—huái 淮
涣—huàn 涣换唤焕痪
汇—huì 汇
昏—hūn 昏阍婚
混—hún 混（混蛋）馄　hùn 混（混沌）
荒—huāng 荒慌　huǎng 谎
皇—huáng 皇凰惶徨蝗
晃—huǎng 晃恍幌　huàng 晃（晃动）
黄—huáng 黄璜簧

第二节　韵母

一、普通话韵母概述

普通话韵母是指普通话音节中声母后面的部分，如“xiāng”后面的

“iāng”就是这个音节的韵母部分。韵母可以单纯由元音充当，如“tɑ，le，hu”后面的韵母就是由单个元音构成的单韵母，“xiɑ，huɑ，tɑo，hei，xiɑo”后面的韵母就是由两个或三个元音构成的复韵母；韵母也可以有元音加辅音构成，如“tɑn，ting，chuɑng”等。零声母音节则是前面没有声母，全部由韵母构成。

普通话韵母共 39 个，按照韵母开头元音发音口形可以分为“四呼”：非 i、u、ü 或以非 i、u、ü 开头的韵母称为开口呼；i 或以 i 开头的韵母称为齐齿呼；u 或以 u 开头的韵母称为合口呼；ü 或以 ü 开头的韵母称为撮口呼。按照韵母结构又可以分为三类：由一个元音构成的韵母称为单韵母；由两个或三个元音构成的韵母称为复韵母；带有鼻辅音的韵母称为鼻韵母。

普通话韵母分类总表

韵母 按口形 / 按结构	开口呼	齐齿呼	合口呼	撮口呼
单韵母	-i［ʅ、ʅ］	i	u	ü
	ɑ	iɑ	uɑ	
	o		uo	
	e			
	ê	ie		üe
	er			
复韵母	ɑi		uɑi	
	ei		uei	
	ɑo	iɑo		
	ou	iou		
鼻韵母	ɑn	iɑn	uɑn	üɑn
	en	in	uen	ün
	ɑng	iɑng	uɑng	
	eng	ing	ueng	
			ong	iong

普通话韵母可以分为韵头、韵腹和韵尾三部分，三者发音时的轻重长短不一致。韵腹是韵母的主干，又叫做主要元音，一般由 ɑ、o、e、ê 充当，i、u、ü、-i［ɿ］、-i［ʅ］、er 也可以作韵腹。韵头是韵腹前面的元音，介于声母和韵腹之间，又叫做介音，由 i、u、ü 三个元音充当。韵尾是韵腹后面的部分，由元音 i、u 和辅音 n、ng 四个音素充当（普通话的元音韵尾只有 i、u 两个，ɑo、iɑo 的韵尾其实也是 u）。所有的韵母都有韵腹，但可以没有韵头或韵尾，举例如下：

普通话韵母结构表

韵母例字	韵母			
	韵头	韵腹	韵尾	
			元音韵尾	辅音韵尾
五（wu）		u		
有（you）	i	o	u	
云（yun）		ü		n
问（wen）	u	e		n
英（ying）		i		ng

二、韵母发音

（一）单韵母发音

单韵母是指由一个元音构成的韵母，共 10 个，包括舌面元音 ɑ、o、e、ê、i、u、ü 共 7 个，舌尖元音 -i［ɿ］、-i［ʅ］2 个和卷舌元音 er［ɚ］。

1. 舌面元音的发音

舌面元音的发音主要是由不同的口形（圆唇、不圆唇）及舌位高低（高、半高、半低、低）、舌位前后（前、央、后）形成的。

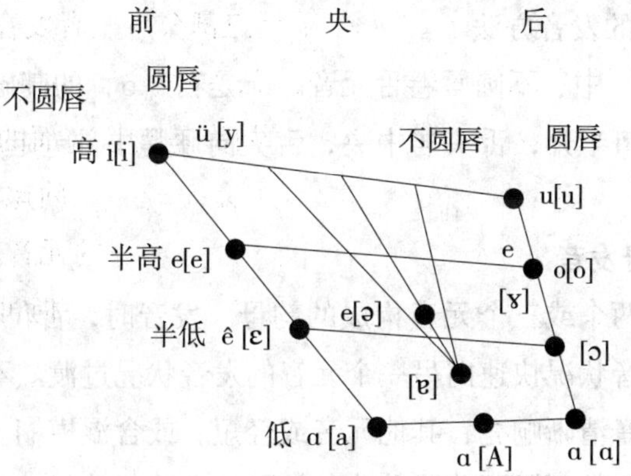

舌面元音舌位唇形图

ɑ [A]：央、低、不圆唇舌面元音。发音时，口大开，舌位低，舌头居中间，唇形不圆。如：发达 fādá、沙发 shāfā。

o [o]：后、半高、圆唇舌面元音。发音时，口半闭，舌位半高，舌头后缩，唇拢圆。如：默默 mòmò、婆婆 pópo。

e [ɤ]：后、半高、不圆唇舌面元音。发音与 o 基本相同，但双唇自然展开。如：哥哥 gēge、客车 kèchē。

ê [ɛ]：前、半低、不圆唇舌面元音。发音时，口半开，舌位半低，舌头前伸使舌尖抵住下齿背，扁唇。如：决裂 juéliè、解穴 jiěxué。

i [i]：前、高、不圆唇舌面元音。发音时，唇形呈扁平状，舌头前伸使舌尖抵住下齿背。如：地皮 dìpí、奇迹 qíjì。

u [u]：后、高、圆唇舌面元音。发音时，双唇拢圆，留一小孔，舌头后缩，使舌面后接近软腭。如：部署 bùshǔ、朴素 pǔsù。

ü [y]：前、高、圆唇舌面元音。发音与 i 基本相同，但唇形拢圆。如：聚居 jùjū、序曲 xùqǔ。

2. 舌尖元音的发音

-i [ɿ]：前、高、不圆唇舌尖元音。发音时，舌头平伸，舌尖靠近上齿背或下齿背。如：自私 zìsī、赐死 cìsǐ。

-i [ʅ]：后、高、不圆唇舌尖元音。发音时，口微开，扁唇，舌头上翘，靠近硬腭前部。如：支持 zhīchí、试吃 shìchī。

3. 卷舌元音的发音方法

er［ɚ］：央、中、不圆唇卷舌元音。er 是在［ə］的基础上加上卷舌动作而成，发音时，口半开，舌头居中央，舌尖向硬腭中部卷起，唇形不圆。如：然而 rán’ér。

（二）复韵母发音

复韵母指由两个或三个元音构成的韵母。发音时，舌位、唇形发生变化，由一个元音的发音状况快速向另一个元音的发音状况过渡。不同元音之间有主次之分，主要元音清晰响亮，其他元音或轻短、或含混模糊。复韵母共 13 个，按照主要元音位置的不同可分为前响复韵母、中响复韵母、后响复韵母。

前响复韵母发音时，前头的元音清晰响亮，后头的元音含混模糊，只表示舌位滑动的方向，前、后元音过渡自然，包括 ɑi、ɑo、ei、ou。如：

财宝 cáibǎo、背篓 bēilǒu、受潮 shòucháo、配菜 pèicài

中响复韵母发音时，前头的元音轻短，中间的元音清晰响亮，后头的元音含混模糊，只表示舌位滑动的方向，前、中、后元音过渡自然，包括 iɑo、iou、uɑi、uei。如：

外围 wàiwéi、侨友 qiáoyǒu、秋水 qiūshuǐ、外调 wàidiào

后响复韵母发音时，前头的元音轻而短，只表示舌位移动的起点，后头的元音清晰响亮，前、后元音发音过渡自然，包括 iɑ、uɑ、ie、üe、uo。如：

下雪 xiàxuě、挖掘 wājué、拖鞋 tuōxié、佳节 jiājié

（三）鼻韵母发音

鼻韵母由元音和鼻辅音韵尾构成，发音时须注意两点：一是发音时由元音向鼻辅音过渡，逐渐增加鼻音色彩，最后，发音部位闭塞，形成鼻辅音；二是鼻韵母的发音以元音为主，元音清晰响亮，鼻辅音韵尾发音时，除阻阶段不发音，即只作出发音状态。鼻韵母有前鼻音韵母和后鼻音韵母各 8 个。

1. 前鼻音韵母

（1）ɑn、en、in、ün

发音时，先发元音，然后软腭下降，逐渐增加鼻音色彩，舌尖迅速往上齿龈移动，最后抵住上齿龈作 n 的发音状态。如：

坦然 tǎnrán、深沉 shēnchén、辛勤 xīnqín、逡巡 qūnxún

（2）ian、uan、un、üan

发音时，第一个元音轻短，第二个元音响亮清晰，第二个元音发完之后，软腭下降，逐渐增加鼻音色彩，舌尖迅速向上齿龈移动，最后抵住上齿龈作 n 的发音状态。如：

眼前 yǎnqián、转弯 zhuǎnwān、论文 lùnwén、源泉 yuánquán

2. 后鼻音韵母

（1）ang、eng、ing、ong、iong

发音时，先发元音，然后软腭下降，逐渐增强鼻音色彩，舌后部往软腭移动并抵住软腭作 ng 的发音状态。如：

浪荡 làngdàng、增生 zēngshēng、情景 qíngjǐng、通融 tōngróng

（2）iang、uang、ueng

发音时，第一个元音轻短，第二个元音响亮清晰，第二个元音发完之后，软腭下降，逐渐增强鼻音色彩，舌后部往软腭移动并抵住软腭作 ng 的发音状态。如：

洋相 yángxiàng、网状 wǎngzhuàng、嗡嗡 wēngwēng

三、韵母辨音

（一）单韵母

1. e、o

两个单韵母的发音状况基本相同，不同的在于 o 是圆唇音，e 是不圆唇音。一般人都会发 o，粤方言使用者要注意避免用 ɔ 代替 o。在 o 的基础上，将双唇展开即是 e。另外，粤方言使用者发 e 这个韵母时，还会出现两个问题：一是与平、卷舌音相拼时，舌体后缩、隆起得不到位，易将“侧”发成“cì”、“热”发成“rì”；二是与卷舌音相拼时，受到舌尖后声母的影响，e 也随之向上卷起，发音类似卷舌元音 er。此外，粤方言区也存在着将复韵母 uo 发成单韵母 o 的情况。其实，uo 和 o 的区别并不难，uo 是复韵母，从 u 到 o，口形由小变大，o 是单韵母，口形始终不变。

字词练习

o　波　颇　佛　陌　博
　　抹　婆　驳　破　摹
e　歌　热　册　车　涩
　　摄　辙　隔　惹　乐
uo　浊　硕　拓　裸　夺
　　撮　诺　阔　霍　裹
e—o　恶魔　刻薄　隔膜　车模
o—e　波折　博得　破格　叵测
uo—o　唾沫　琢磨　萝卜　说破
o—uo　佛陀　摩托　菠萝　薄弱

诗歌练习

鹅，鹅，鹅，曲项向天歌。
白毛浮绿水，红掌拨清波。（骆宾王《咏鹅》）
湖光秋月两相和，潭面无风镜未磨。
遥望洞庭山水色，白银盘里一青螺。（刘禹锡《望洞庭》）
猿愁鱼踊水翻波，自古流传是汨罗。
苹藻满盘无处奠，空闻渔父扣舷歌。（韩愈《湘中》）

朗读片段练习

其余呢，西湖的波太明了，秦淮河的也太暗了。可爱的，我将什么来比拟你呢？我怎么比拟得出呢？（作品25号）

我舍不得你，我怎舍得你呢？我用手拍着你，抚摩着你，如同一个十二三岁的小姑娘。（作品25号）

莫高窟里还有一个面积不大的洞窟——藏经洞。洞里曾藏有我国古代的各种经卷、文书、帛画、刺绣、铜像等共六万多件。（作品29号）

花和人都会遇到各种各样的不幸，但是生命的长河是无止境的。我抚摸了一下那小小的紫色的花舱，那里满装了生命的酒酿，它张满了帆，在这闪光的

花的河流上航行。（作品59号）

母亲说："今晚我们过一个收获节，请你们父亲也来尝尝我们的新花生，好不好？"我们都说好。母亲把花生做成了好几样食品，还吩咐在后园的茅亭里过这个节。（作品26号）

绕口令

哥哥弟弟坡前坐
坡上卧着一只鹅　坡下流着一条河
哥哥说　宽宽的河　弟弟说　白白的鹅
鹅要过河　河要渡鹅
不知是那鹅过河　还是河渡鹅

2. i、-i［ɿ］、-i［ʅ］

i在普通话韵母中分为三个。其中舌尖前韵母-i［ɿ］只用在舌尖前音z、c、s后；舌尖后韵母-i［ʅ］只用在舌尖后音zh、ch、sh、r后；i则用在其他声母后。因为广东的三种方言都没有普通话中的平翘舌声母，所以容易将三者混为同一个i。发音时，可以通过平翘舌音整体发音来训练。

字词练习

i　寄　逼　启　例　拟
　系　企　眯　批　递
-i［ɿ］　字　词　思　赐　资
　紫　饲　刺　私　慈
-i［ʅ］　致　迟　诗　纸　食
　日　始　齿　枝　痴
i　屹立　奇迹　迷离　旖旎　遗迹
-i［ɿ］　赐死　字词　私自　刺字　子嗣
-i［ʅ］　指示　日食　实施　支持　值日

对比练习

尺子　诗词　启示　刺激　日食

仪式　提示　气质　吃力　姿势

历史　其次　锡纸　日期　蜜汁

诗歌练习

海上生明月，天涯共此时。

情人怨遥夜，竟夕起相思。（张九龄《望月怀远》）

终日望夫夫不归，化为孤石苦相思。

望来已是几千载，只似当时初望时。（刘禹锡《望夫山》）

君问归期未有期，巴山夜雨涨秋池。

何当共剪西窗烛，却话巴山夜雨时。（李商隐《夜雨寄北》）

朗读片段练习

就让生命顺其自然，水到渠成吧，犹如窗前的乌桕，自生自落之间，自有一份圆融丰满的喜悦。春雨轻轻落着，没有诗，没有酒，有的只是一份相知相属的自在自得。（作品 32 号）

论天气，不冷不热。论吃的，苹果、梨、柿子、枣儿、葡萄，每样都有若干种。论花草，菊花种类之多，花式之奇，可以甲天下。（作品 58 号）

站在历史的枝头微笑，可以减免许多烦恼。在那里，你可以从众生相所包含的甜酸苦辣、百味人生中寻找你自己；你境遇中的那点儿苦痛，也许相比之下，再也难以占据一席之地；你会较容易地获得从不悦中解脱灵魂的力量，使之不致变得灰色。（作品 55 号）

3．i、ü

这两个音是普通话韵母中齐齿呼和撮口呼的代表，这两个音发得准确与否关系到复韵母的发音。i 和 ü 的发音状况相似，都是舌面、前、高元音，不同的是，发 i 时不圆唇，发 ü 时嘴唇要撮圆。客家话、潮汕话使用者容易用 i 代替 ü，要特别注意区分。

字词练习

i　依　器　梨　密　辟
　　碧　习　即　拟　亦
ü　句　娶　恤　序　女
　　玉　虚　举　吕　趋
i　记忆　刺激　以及　比例　力气
ü　雨具　区域　旅居　女婿　语序
i—ü　抑郁　其余　离去　迷局　崎岖
ü—i　曲艺　聚集　雨衣　续集　女婢

诗歌练习

青青水中蒲，下有一双鱼。
君今上陇去，我在与谁居？　　（韩愈《青青水中蒲三首·其一》）
竹凉侵卧内，野月满庭隅。重露成涓滴，稀星乍有无。
暗飞萤自照，水宿鸟相呼。万事干戈里，空悲清夜徂。　（杜甫《倦夜》）

朗读片段练习

俗话说，“瑞雪兆丰年”。这个话有充分的科学根据，并不是一句迷信的成语。（作品 5 号）

它为着向往阳光，为着达成它的生之意志，不管上面的石块如何重，石与石之间如何狭，它必定要曲曲折折地，但是顽强不屈地透到地面上来。

（作品 49 号）

高兴，这是一种具体的被看得到摸得着的事物所唤起的情绪。它是心理的，更是生理的。它容易来也容易去，谁也不应该对它视而不见、失之交臂，谁也不应该总是做那些使自己不高兴也使旁人不高兴的事。让我们说一件最容易做也最令人高兴的事吧，尊重你自己，也尊重别人，这是每一个人的权利，我还要说这是每一个人的义务。（作品 46 号）

4. er

虽然是单韵母，但是 er 的发音实际上是由两个动作完成的。首先发［ə］，可以通过发“哥哥”这个音来练习，“哥哥”中的后一个音节由于轻声化，所以［ɤ］变成了［ə］。［ə］无论是舌位高低还是前后都处于中央位置，所以是最自然的一个音。在［ə］的基础上，舌尖向硬腭上卷即可。注意：普通话中“二 èr”与其他三个声调的音不同，“二 èr”的开口度要大于其他三个音，实际发音为［ar］。

字词练习

er　而　尔　儿　耳　二　贰

　　耳朵　偶尔　而且　洱海

er　儿歌　二哥　尔后　二胡

朗读片段练习

其实，友情也好，爱情也好，久而久之都会转化为亲情。　（作品 32 号）

人可以自然而然地学会感官的享乐，却无法天生地掌握幸福的韵律。灵魂的快意同器官的舒适像一对孪生兄弟，时而相依相傍，时而南辕北辙。

（作品 40 号）

其实二〇〇二年十月中旬，英国的一家报纸就评出了“人类最糟糕的发明”。获此“殊荣”的，就是人们每天大量使用的塑料袋。　（作品 60 号）

（二）复韵母

1. ɑi、ei、iɑ、ie

普通话中的复元音并非真正意义上的复元音，前面已经提过，主要元音的地位与介音和韵尾不同，介音轻且短，只表示发音动作开始的起点，如 iɑ、ie；韵尾含混模糊，只表示发音动作滑动的方向，如 ɑi、ei。三种方言区的同学容易出现两个元音发音长短和清晰度相同的错误，形成类似英语中的真正复元音［ai］、［ei］。其次，粤方言区的人容易将开口度不同的、由 ɑ 和 e 组成的复元音混淆，如耐/内（ɑi/ei）、雅/也（iɑ/ie）。前者开口度大、舌体动程也大；后者开口度和舌体动程都小。

字词练习

ɑi　矮　害　灾　晒　捱

　　摆　埋　柴　腮　赖

ei　备　给　嘿　泪　贼

　　肺　煤　馁　裴　蕾

ɑi　拍卖　白菜　采摘　开赛　买卖

ei　配备　蓓蕾　肥美　黑妹　飞贼

ɑi—ei　百倍　采煤　埋雷　台内　太妃

ei—ɑi　被宰　配菜　美态　废材　擂台

iɑ　压　霞　嫁　俩　掐

　　雅　夹　恰　吓　牙

ie　掖　别　瞥　烈　协

　　斜　窃　街　聂　蔑

iɑ　下架　假牙　掐架　恰恰　压价

ie　贴切　铁屑　姐姐　趔趄　斜街

iɑ—ie　佳节　虾蟹　家业　嫁接　押解

ie—iɑ　接洽　野鸭　结痂　腋下　卸甲

诗歌练习

尚想旧情怜婢仆，也曾因梦送钱财。
诚知此恨人人有，贫贱夫妻百事哀。　　（元稹《遣悲怀三首·其二》）
凤吹声如隔彩霞，不知墙外是谁家。
重门深锁无寻处，疑有碧桃千树花。　　（郎士元《听邻家吹笙》）

朗读片段练习

人的头盖骨，结合得非常致密与坚固，生理学家和解剖学者用尽了一切的方法，要把它完整地分出来，都没有这种力气。　（作品49号）

但活着的人们，活得却是充满着新生智慧的，由不断逝去的“现在”组成的未来。人生不能像某些鱼类躺着游，人生也不能像某些兽类爬着走，而应

该站着向前行，这才是人类应有的生存姿态。（作品55号）

现在正是枝繁叶茂的时节。这棵榕树好像在把它的全部生命力展示给我们看。那么多的绿叶，一簇堆在另一簇的上面，不留一点儿缝隙。翠绿的颜色明亮地在我们的眼前闪耀，似乎每一片树叶上都有一个新的生命在颤动，这美丽的南国的树！（作品48号）

2. ie、üe

这组韵母都是后响复韵母，区别在于唇形不同，ie是扁唇，üe是圆唇。由于e是不圆唇音，所以ü和e相拼时有些费力。

字词练习

üe 曰 掘 略 穴 虐 瘸

爵 疟 阅 雀 掠 薛

üe 约略 绝学 雀跃 雪月

ie—üe 解决 孑孓 谢绝 灭绝 斜月

üe—ie 月夜 确切 学业 决裂 缺血

诗歌练习

千山鸟飞绝，万径人踪灭。

孤舟蓑笠翁，独钓寒江雪。（柳宗元《江雪》）

兰叶春葳蕤，桂华秋皎洁。欣欣此生意，自尔为佳节。

谁知林栖者，闻风坐相悦。草木有本心，何求美人折？

（张九龄《感遇十二首·其一》）

朗读片段练习

大街上的积雪足有一尺多深，人踩上去，脚底下发出咯吱咯吱的响声。一群群孩子在雪地里堆雪人，掷雪球儿。那欢乐的叫喊声，把树枝上的雪都震落下来了。（作品5号）

我顺着林阴路望去，看见了一只嘴边还带黄色、头上生着柔毛的小麻雀。

风猛烈地吹打着林阴路上的白桦树，麻雀从巢里跌落下来，呆呆地伏在地上，孤立无援地张开两只羽毛还未丰满的小翅膀。（作品27号）

有个塌鼻子的小男孩儿，因为两岁时得过脑炎，智力受损，学习起来很吃力。打个比方，别人写作文能写二三百字，他却只能写三五行。但即便这样的作文，他同样能写得很动人。（作品51号）

3. ɑo、iɑo、ou

汉语拼音中的ɑ在普通话发音中实际上是三个不同的ɑ，“他 tā”中的ɑ，是央元音，舌位居中央；“安 ān”中的ɑ，舌位靠前；“熬 áo”中的ɑ，舌位靠后。因为粤、客、闽三种方言的使用者都有发音偏前的习惯，因此ɑo的发音不到位，尤其在iɑo中，由前元音i到靠后的ɑo动程大，更为明显。

字词练习

ɑo 傲 逃 招 稍 挠
泡 锚 捞 潮 扰

ɑo 逃跑 报道 草帽 懊恼 绕道

iɑo 邀 燎 袅 销 巧
效 胶 聊 貂 迢

iɑo 逍遥 疗效 巧妙 渺小 窈窕

ɑo—iɑo 报销 咆哮 毛料 报表 劳教

iɑo—ɑo 跳高 碉堡 撂倒 侨胞 掉毛

ou 藕 瘦 楼 兜 揍
丑 粥 缶 眸 漏

ou 抖擞 叩头 丑陋 守候 兜售

ɑo—ou 保守 稿酬 毛豆 道口 老抽

ou—ɑo 漏勺 柔道 逗号 酬劳 头孢

诗歌练习

昨夜风开露井桃，未央前殿月轮高。

平阳歌舞新承宠，帘外春寒赐锦袍。（王昌龄《春宫曲》）

荡胸生层云，决眦入归鸟。

会当凌绝顶，一览众山小。（杜甫《望岳》）

雨歇杨林东渡头，永和三日荡轻舟。

故人家在桃花岸，直到门前溪水流。（常建《三日寻李九庄》）

朗读片段练习

我的狗慢慢向它靠近。忽然，从附近一棵树上飞下一只黑胸脯的老麻雀，像一颗石子似的落到狗的跟前。（作品 27 号）

我记得妈有一次叫他教我骑自行车。我叫他别放手，但他却说是应该放手的时候了。我摔倒之后，妈跑过来扶我，爸却挥手要她走开。（作品 10 号）

放学后，陶行知来到校长室，王友已经等在门口准备挨训了。可一见面，陶行知却掏出一块糖果送给王友，并说："这是奖给你的，因为你按时来到这里，而我却迟到了。"王友惊疑地接过糖果。（作品 39 号）

暮春时节，又邀了几位朋友在家小聚。虽然都是极熟的朋友，却是终年难得一见，偶尔电话里相遇，也无非是几句寻常话。一锅小米稀饭，一碟大头菜，一盘自家酿制的泡菜，一只巷口买回的烤鸭，简简单单，不像请客，倒像家人团聚。（作品 32 号）

4. iou、uei

汉语拼音中的 iu 和 ui 实际上是中响复韵母中的 iou 和 uei，这对复韵母中，主要元音分别是中间的 o 和 e，因此这两个主要元音应该是最响亮清晰的。三种方言区的使用者易犯的错误是将主要元音省略，直接发成 [iu] 和 [ui]。

字词练习

iou　幽　旧　休　谬　丢

　　　纠　裘　柳　妞　犹

iou　优秀　久留　秋游　绣球　悠久

iou—ou 秋收 忧愁 遛狗 酒楼

ou—iou 谋求 守旧 扣留 臭球

uei 味 催 褪 溃 缀

嘴 随 垂 维 圭

uei 回归 坠毁 荟萃 追尾 退回

uei—ei 颓废 贵妃 垂泪 唯美

ei—uei 翡翠 美味 泪水 累赘

iou—uei 优惠 秋水 秀腿 旧岁

uei—iou 队友 追求 煤油 垂柳

诗歌练习

大漠沙如雪，燕山月似钩。

何当金络脑，快走踏清秋。 （李贺《马诗二十三首·其五》）

花明柳暗绕天愁，上尽重城更上楼。

欲问孤鸿向何处？不知身世自悠悠。 （李商隐《夕阳楼》）

斜阳照墟落，穷巷牛羊归。

野老念牧童，倚杖候荆扉。 （王维《渭川田家》）

葡萄美酒夜光杯，欲饮琵琶马上催。

醉卧沙场君莫笑，古来征战几人回？ （王翰《凉州词》）

朗读片段练习

因为对于一个八岁的孩子而言，他不会做的事情很多。 （作品 4 号）

房间内的一切已变得井然有序，而且有两杯刚刚倒好的红酒，在淡淡的香水气息里还漾着微波。 （作品 50 号）

所谓“无事以当贵”，是指人不要把功名利禄、荣辱过失考虑得太多，如能在情志上潇洒大度，随遇而安，无事以求，这比富贵更能使人终其天年。

（作品 54 号）

“耶稣在星期五被钉上十字架时，是全世界最糟糕的一天，可三天后就是复活节。所以，当我遇到不幸时，就会等待三天，这样一切就恢复正常了。”

（作品 37 号）

我常常遗憾我家门前那块丑石：它黑黝黝地卧在那里，牛似的模样；谁也不知道是什么时候留在这里的，谁也不去理会它。（作品3号）

世界杯怎么会有如此巨大的吸引力？除去足球本身的魅力之外，还有什么超乎其上而更伟大的东西？（作品11号）

（三）鼻韵母

鼻韵母在粤、客、闽三种方言中存在不同程度的混淆，尤其是前鼻音 in 和后鼻音 ing。区分前后鼻音首先要注意鼻韵尾 n 和 ng，二者的舌头位置不同。发前鼻音时，在发完元音后，舌尖抵住上齿龈，双唇闭合，舌头基本是平伸在口腔内；发后鼻音时，在发完元音后，舌头后缩，前低后高，舌尖靠近下齿龈下面，双唇未闭合。其次要注意主要元音的发音，如 an、ang。虽然汉语拼音中这两个韵母的主要元音写法一样，但其实二者发音不同，an 中的 a 靠前，ang 中的 a 靠后。再如 in、ing，这对鼻韵母中的元音 i 是前、高元音，如果发 i 时，舌位没有靠前和抬高，再加上前、后鼻韵尾也很含混，就不能清晰地区分开。

此外，对于带有介音 u 的一组前、后鼻音 uan 和 uang 还需要注意另外一个问题。u 是后、高、舌面元音，但正如前面提到的，三种方言区的人的发音习惯偏前，尤其是介音为 u 的韵母，发音都容易出现错误。加上有的人把握不好介音轻而短的特点，因此 u 的发音偏前就更明显。所以，发这组韵母时，一定要准确把握好介音 u 的后、高起点，然后再向主要元音滑动。

最后，还应注意，粤、客、闽三种方言的使用者都容易将 feng 读成 fong。

字词练习

an　岸　潘　满　衫　敢
　　谭　展　婪　馋　楠
　　坦然　展览　难堪　赞叹
　　贪婪　黯然　盘缠　谈判

en　摁　本　深　臻　恳
　　痕　人　跟　趁　粉

身份　门诊　愤恨　认真
振奋　深沉　人参　深圳

in　因　民　品　侵　欣
临　近　彬　您　聘
金银　贫民　亲近　濒临
辛勤　拼音　林荫　引进

ün　孕　均　裙　训　允
逡　韵　熏　骏　君
均匀　军训　逡巡　纭纭　循循

ian　烟　演　篇　乾　念
闲　恋　匾　兼　填
艰险　鲜艳　棉签　甜点
演变　前沿　免检　连线

uan　晚　暖　闩　软　攥
卵　串　端　团　宽
换算　转弯　专断　乱窜
官宦　还款　贯穿　酸软

un　稳　顿　婚　纯　润
舜　轮　遵　豚　混
温顺　春笋　昆仑　伦敦
谆谆　论文　混沌　温存

üan　源　卷　眩　蜷　院
券　冤　悬　涓　圈
轩辕　圆圈　娟娟　缱绻　原卷

ang　昂　唱　港　嚷　糖
盲　芳　郎　档　嶂
沧桑　盲肠　上涨　浪荡
烫伤　帮忙　蟑螂　苍茫

eng　崩　梦　仍　碰　封

讽 藤 愣 筝 绳

风筝 丰盛 声称 增生

逞能 奉承 更正 生猛

ing 硬 形 倾 领 命

铃 凭 净 醒 凝

秉性 叮咛 宁静 性命

清醒 伶仃 蜻蜓 菱形

ong 懂 众 聪 送 绒

颂 统 控 脓 崇

轰动 通融 恐龙 红肿

浓重 共同 动工 松茸

iang 央 娘 辆 将 厢

抢 巷 痒 梁 姜

亮相 湘江 踉跄 娘娘

奖项 粮饷 想象 痒痒

uang 幢 慌 爽 筐 创

闯 逛 旺 妆 霜

装潢 窗框 狂妄 双簧 网状

ueng 翁 瓮 蓊 嗡

嗡嗡 瓮城 蓊郁 主人翁

iong 拥 炯 琼 雄 涌

用功 汹涌 熊熊 炯炯

衬音练习（通过后音节的声母舌位前后来调节前音节鼻韵母）

(1) 前鼻音＋以 d、t、n、l 开头的音节：

an 叛乱 谈论 难点 饭团 赞叹

en 沉淀 门类 盆地 枕头 陈酿

in 音量 濒临 侵吞 信念 尽量

(2) 后鼻音＋以 g、k、h 开头的音节：

ang　彷徨　掌柜　猖狂　狼嚎　慷慨
eng　赠给　奉告　蒙古　腾空　升官
ing　饼干　情况　型号　警告　凝固

对比练习

an—ang　漫长　单方　安葬　感伤　战场
ang—an　茫然　上山　长叹　房产　档案
女郎—女篮　访问—反问　唐宋—弹送
水缸—水干　账房—战防　赏光—闪光
en—eng　奔腾　门缝　深层　分成　人生
eng—en　缝纫　城镇　横亘　诚恳　愣神
城市—尘世　成就—陈旧　工程—功臣
人生—人参　清蒸—清真　刮风—瓜分
in—ing　拼命　新型　金陵　亲情　民情
ing—in　行进　平民　迎新　听信　订金
人名—人民　清静—亲近　请示—寝室
精心—金星　零食—临时　硬度—印度
ian—iang　演讲　现象　坚强　绵羊　岩浆
iang—ian　镶嵌　香甜　想念　两面　量变
湘江—鲜姜　坚强—捡钱　流量—留恋
强行—前行　酿酒—念旧　项目—羡慕
uan—uang　观光　宽广　观望　晚妆　端庄
uang—uan　光环　狂欢　双关　王冠　壮观
光阴—观音　装修—专修　床头—船头
箩筐—落款　双缸—蒜缸　望月—弯月

诗歌练习

秦时明月汉时关，万里长征人未还。
但使龙城飞将在，不教胡马度阴山。　（王昌龄《出塞》）

公子王孙逐后尘，绿珠垂泪滴罗巾。
侯门一入深如海，从此萧郎是路人。（崔郊《赠婢》）

烟波不动影沉沉，碧色全无翠色深。
疑是水仙梳洗处，一螺青黛镜中心。（雍陶《题君山》）

花近高楼伤客心，万方多难此登临。
锦江春色来天地，玉垒浮云变古今。
北极朝廷终不改，西山寇盗莫相侵。
可怜后主还祠庙，日暮聊为《梁甫吟》。（杜甫《登楼》）

昨夜星辰昨夜风，画楼西畔桂堂东。
身无彩凤双飞翼，心有灵犀一点通。（李商隐《无题二首·其一》）

杨柳青青江水平，闻郎江上踏歌声。
东边日出西边雨，道是无晴却有晴。
（刘禹锡《竹枝词·杨柳青青江水平》）

朗读片段练习

它位于希腊亚各斯古城的海滨。由于濒临大海，大涨潮时，汹涌的海水便会排山倒海般地涌入洞中，形成一股湍湍的急流。据测，每天流入洞内的海水量达三万多吨。（作品 34 号）

由我看到的那点儿春光，已经可以断定，杭州的春天必定会教人整天生活在诗与图画之中。所以，春天我的家应当是在杭州。（作品 58 号）

然而，我爱这一行的真正原因，是爱我的学生。学生们在我的眼前成长、变化。当教师意味着亲历“创造”过程的发生——恰似亲手赋予一团泥土以生命，没有什么比目睹它开始呼吸更激动人心的了。（作品 44 号）

我永远追求安静的工作和简单的家庭生活。为了实现这个理想，我竭力保持宁静的环境，以免受人事的干扰和盛名的拖累。我深信，在科学方面我们有对事业而不是对财富的兴趣。（作品 43 号）

我在俄国见到的景物再没有比托尔斯泰墓更宏伟、更感人的。完全按照托尔斯泰的愿望，他的坟墓成了世间最美的，给人印象最深刻的坟墓。它只是树林中的一个小小的长方形土丘，上面开满鲜花——没有十字架，没有墓碑，没

有墓志铭，连托尔斯泰这个名字也没有。（作品 35 号）

人活着，最要紧的是寻觅到那片代表着生命绿色和人类希望的丛林，然后选一高高的枝头站在那里观览人生，消化痛苦，孕育歌声，愉悦世界！这可真是一种潇洒的人生态度，这可真是一种心境爽朗的情感风貌。（作品 55 号）

夜色加浓，苍空中的“明灯”越来越多了。而城市各处的真的灯火也次第亮了起来，尤其是围绕在海港周围山坡上的那一片灯光，从半空倒映在乌蓝的海面上，随着波浪，晃动着，闪烁着，像一串流动着的珍珠，和那一片片密布在苍穹里的星斗互相辉映，煞是好看。（作品 12 号）

在纽约有许多百万富翁，但也有不少贫困的家庭。后者白天开不起暖气，供不起午餐，孩子的营养全靠学校里免费的中饭，甚至可以多拿些回家当晚餐。学校停课一天，穷孩子就受一天冻，挨一天饿，所以老师们宁愿自己苦一点儿，也不能停课。（作品 23 号）

第三节　声调

一、声调概述

声调是音节中具有区别意义作用的音高变化。音高分为绝对音高和相对音高。我们平时听到一个声音，不需要看到人，就能分辨出是男是女，是老人还是小孩，这就跟绝对音高有关。一般来说，女性和小孩的绝对音高要高于男性和老人的。但是声调并非绝对音高，所以同样一个字“妈 mā”，无论男女老少，我们都能判断出是阴平（一声）。声调是相对音高，这种音高变化造成了意义的差别，如“猜 cāi”、“才 cái”、“采 cǎi”、“菜 cài”。

普通话具有四种调类，分别是阴平、阳平、上声、去声。与普通话相比，广东地区三种方言的声调都多一些，客家方言有六个调类，闽方言有八个调类，而粤方言则有九个调类。调类是将调值相同的字归纳到一起，普通话的调值可以用五度标记法来表示，即阴平 55、阳平 35、上声 214、去声 51。根据五度标记法的调值，我们可以发现普通话四种声调的发音特点：阴平平稳，阳平上扬，去声一降到底，上声有降升变化，且音长最长。

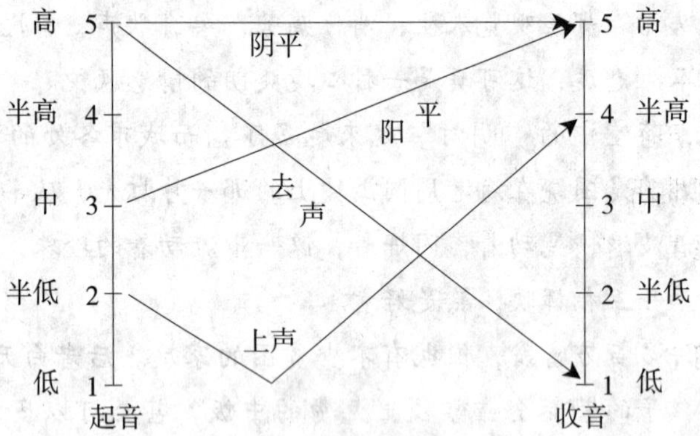

五度标记法图示

此外，还要介绍一下音域。音域是指某一乐器或人声所能发出的最低音到最高音之间的范围。音域对于声调也有一定的影响，音域广的人发音的声调区别度大，朗读起来抑扬顿挫之感更明显。一个人的音域一方面受先天的影响，另一方面也依赖后天的训练。所以，音域较窄的考生可以学习一些乐理知识来扩展自己的音域。

二、声调辨音

（一）阴平

阴平（一声）是高平调，调值55，音高较高，且平稳，无升降变化。粤、客、闽方言的阴平调主要存在的问题有两点：一是发音不够高，调值一般在44左右甚至更低；二是尾音下降，发音没有保持平稳。

字词练习

苏 sū　　丁 dīng　　叉 chā　　霜 shuāng　　鑫 xīn

需 xū　　刷 shuā　　瓜 guā　　堪 kān　　惊 jīng

低微 dīwēi　　吃亏 chīkūi　　拆穿 chāichuān　　摔跤 shuāijiāo
拖鞋 tuōxié　　青春 qīngchūn　抽烟 chōuyān　　播音 bōyīn

（二）阳平

阳平（二声）是中升调，调值35，从中音区起音一直升到高音区结束。声音不能出现曲折变化。粤、客、闽方言的阳平调的问题表现在起点不够高，导致上扬不足。

字词练习

纯 chún　　菊 jú　　全 quán　　庞 páng　　严 yán
凉 liáng　　直 zhí　　融 róng　　除 chú　　白 bái

银行 yínháng　　及格 jígé　　国旗 guóqí　　能源 néngyuán
贫乏 pínfá　　从前 cóngqián　　来临 láilín　　船员 chuányuán

（三）上声

上声（三声）是降升调，调值214，先由低音区起音下降一度，再升到中高音4度。发音时，先读降上调21，然后再把声调如阳平调般上扬，可以通过慢降快升的方式练习。读上声时常见的问题有两点：一是读单字时，发音不完整，很多考生发完半上声21就结束了，这在测试中被视为语音缺陷，扣0.05分；二是在与其他音节结合时，声会出现变调现象（具体见第三章）。

字词练习

拟 nǐ　　彩 cǎi　　允 yǔn　　举 jǔ　　果 guǒ
史 shǐ　　抢 qiǎng　　网 wǎng　　请 qǐng　　宰 zǎi

外语 wàiyǔ　　灯塔 dēngtǎ　　发展 fāzhǎn　　如果 rúguǒ
遥远 yáoyuǎn　寻找 xúnzhǎo　　废铁 fèitiě　　剧本 jùběn

（四）去声

去声（四声）是高降调，调值 51，先由高音区起调，然后降到低音区。四声从 5 度降到 1 度，跨度大，发音时注意起点要高，一降到底。此外，粤、客、闽方言的使用者还应注意避免将古汉语中的入声带到普通话的四种声调中。

字词练习

树 shù　　爱 ài　　位 wèi　　炕 kàng　　坐 zuò
雾 wù　　翠 cuì　　状 zhuàng　话 huà　　去 qù

训练 xùnliàn　　罪恶 zuìè　　半夜 bànyè　　大概 dàgài
浪费 làngfèi　　旭日 xùrì　　记录 jìlù　　算术 suànshù

三、声调练习

（一）四声连读

妈　麻　马　骂　　　　窗　床　闯　创
鸡　及　挤　寄　　　　摸　魔　抹　墨
方　房　访　放　　　　杀　啥　傻　煞
衣　仪　已　亦　　　　迂　于　语　遇

期　齐　起　器　　　　居　菊　举　距
风　逢　讽　缝　　　　通　佟　统　痛
凸　图　土　兔　　　　穿　船　喘　串
辉　回　悔　卉　　　　生　绳　省　剩

（二）单音节字词

副　临　散　斤　言　美　就　粥　岑　煮
蒸　攒　唇　旅　樊　像　两　坟　沈　贪
填　赣　撼　崩　盈　乾　笋　缅　倾　冯

芽 抛 患 派 印 用 惹 煎 禹 臀
戈 租 兴 噩 刹 威 巨 耍 臼 篡

武 儒 略 准 闽 瘸 非 铜 娟 伽
爬 咯 擦 佛 字 铁 烈 舔 链 谬
丝 迄 矫 灸 尔 候 抓 歪 本 配
揩 警 逛 短 窥 龟 豹 扔 火 贰
袋 碑 美 稿 招 龙 囊 布 演 盯

（三）双音节词语连读

1+1　出发　宣称　扎根　诗篇
1+2　出名　熏陶　居然　归侨
1+3　缺点　脱口　推导　梳理
1+4　方式　商议　批量　轰动

2+1　同乡　前锋　逃荒　橱窗
2+2　杂文　闲暇　怀疑　停泊
2+3　白薯　投影　调理　巡警
2+4　膨胀　盈利　行径　援助

3+1　恐慌　顶峰　法师　老师
3+2　远航　耳鸣　海拔　补偿
3+3　许可　理想　水井　美满
3+4　有趣　喜剧　起哄　履历

4+1　腹腔　信托　并肩　最初
4+2　鉴别　拒绝　事实　自觉
4+3　处所　运转　费解　线索
4+4　电话　现象　放荡　扮相

（四）双音节词语辨调

油漆　尤其　游泳　犹豫
追击　追逐　追尾　追忆
青春　情景　请示　庆祝
相信　翔实　想象　向往

同乡　同享　通向　铜像
无数　武术　吴书　巫术
施事　实施　时事　逝世
出席　出息　除夕　出戏

实话　市话　诗画　史话
足迹　阻击　祖籍　主机
吸气　稀奇　喜气　习气
排版　拍板　排班　陪伴

读数　读书　度数　赌术
招收　着急　招手　照收
初级　出击　触及　雏鸡
真实　阵势　珍视　诊视

（五）四字词语辨调

风调雨顺　酸甜苦辣　千锤百炼　光明磊落
破釜沉舟　调虎离山　异口同声　妙手回春
胸有成竹　风起云涌　无可奈何　矫揉造作
名副其实　了如指掌　畅所欲言　啼笑皆非

梦寐以求　出类拔萃　精益求精　无可奈何
岂有此理　此起彼伏　新陈代谢　心旷神怡

逢凶化吉　俯首帖耳　粗茶淡饭　草菅人命
百折不挠　打草惊蛇　固执己见　触类旁通

十全十美　不伦不类　逆水行舟　悲欢离合
赤胆忠心　青山绿水　蓬荜生辉　木已成舟
鞠躬尽瘁　司空见惯　狐假虎威　大智若愚
欲擒故纵　水落石出　节外生枝　斗转星移

诗歌练习

岐王宅里寻常见，崔九堂前几度闻。
正是江南好风景，落花时节又逢君。　（杜甫《江南逢李龟年》）
去年今日此门中，人面桃花相映红。
人面不知何处去，桃花依旧笑春风。　（崔护《题都城南庄》）
银烛秋光冷画屏，轻罗小扇扑流萤。
天阶夜色凉如水，坐看牵牛织女星。　（杜牧《秋夕》）
相见时难别亦难，东风无力百花残。
春蚕到死丝方尽，蜡炬成灰泪始干。
晓镜但愁云鬓改，夜吟应觉月光寒。
蓬山此去无多路，青鸟殷勤为探看。　（李商隐《无题》）
丞相祠堂何处寻？锦官城外柏森森。
映阶碧草自春色，隔叶黄鹂空好音。
三顾频烦天下计，两朝开济老臣心。
出师未捷身先死，长使英雄泪满襟。　（杜甫《蜀相》）

朗读片段练习

每天，不管是鸡鸣晓月，日丽中天，还是月华泻地，小桥都印下串串足迹，洒落串串汗珠。那是乡亲为了追求多棱的希望，兑现美好的遐想。弯弯小桥，不时荡过轻吟低唱，不时露出舒心的笑容。（作品18号）

壁画上的飞天，有的臂挎花篮，采摘鲜花；有的反弹琵琶，轻拨银弦；有的倒悬身子，自天而降；有的彩带飘拂，漫天遨游；有的舒展着双臂，翩翩起舞。看着这些精美动人的壁画，就像走进了灿烂辉煌的艺术殿堂。

（作品29号）

牡丹没有花谢花败之时，要么烁于枝头，要么归于泥土，它跨越萎顿和衰老，由青春而死亡，由美丽而消遁。它虽美却不吝惜生命，即使告别也要展示给人最后一次的惊心动魄。（作品30号）

苏东坡思索了一会儿，点点头说：“我得到了一个养生长寿古方，药只有四味，今天就赠给你吧。”于是，东坡的狼毫在纸上挥洒起来，上面写着：“一曰无事以当贵，二曰早寝以当富，三曰安步以当车，四曰晚食以当肉。”

（作品54号）

地球上的人都会有国家的概念，但未必时时都有国家的感情。往往人到异国，思念家乡，心怀故国，这国家概念就变得有血有肉，爱国之情来得非常具体。而现代社会，科技昌达，信息快捷，事事上网，世界真是太小太小，国家的界限似乎也不那么清晰了。（作品11号）

幸福不喜欢喧嚣浮华，它常常在暗淡中降临。贫困中相濡以沫的一块糕饼，患难中心心相印的一个眼神，父亲一次粗糙的抚摸，女友一张温馨的字条……这都是千金难买的幸福啊。像一粒粒缀在旧绸子上的红宝石，在凄凉中愈发熠熠夺目。（作品40号）

台湾岛上的山脉纵贯南北，中间的中央山脉犹如全岛的脊梁。西部为海拔近四千米的玉山山脉，是中国东部的最高峰。全岛约有三分之一的地方是平地，其余为山地。岛内有缎带般的瀑布，蓝宝石似的湖泊，四季常青的森林和果园，自然景色十分优美。西南部的阿里山和日月潭，台北市郊的大屯山风景区，都是闻名世界的游览胜地。（作品56号）

西部地区是华夏文明的重要发源地，秦皇汉武以后，东西方文化在这里交汇融合，从而有了丝绸之路的驼铃声声，佛院深寺的暮鼓晨钟。敦煌莫高窟是世界文化史上的一个奇迹，它在继承汉晋艺术传统的基础上，形成了自己兼收并蓄的恢宏气度，展现出精美绝伦的艺术形式和博大精深的文化内涵。秦始皇兵马俑、西夏王陵、楼兰古国、布达拉宫、三星堆、大足石刻等历史文化遗产，同样为世界所瞩目，成为中华文化重要的象征。（作品45号）

第三章　多音节词语

普通话测试的第二题是读多音节词语。该测试项测查应试人声母、韵母、声调和变调、轻声、儿化读音的标准程度。

该项测试共50个词语，100个音节，计20分（占测试总分的20%），即每个词语占0.4分，每个音节占0.2分。读错一个音节的声、韵、调都算该音节发音错误，每错一个音节扣0.2分，读音有明显缺陷的扣0.1分。

关于双音节词语错误的判定：

第一，音节基本声、韵、调发音的评判标准与单音节字词测试项相同；

第二，两个上声音节连读时没有按照规律变调；

第三，“一”、“不”在连读时发生变调错误；

第四，轻声音节没有读成轻声或音高不到位；

第五，儿化音节没有读成儿化韵或者读成两个音节；

第六，语气助词“啊”在连读中未按规律音变。

关于双音节词语缺陷的判定：

第一，音节基本声、韵、调发音的评判标准与单音节字词测试项相同；

第二，儿化、卷舌色彩不明显或发音生硬；

第三，将中重格式的双音节词语的第一音节读成重音节。

在读多音节词语的测试中，声调缺陷按次扣分（不再按系统扣分）。单音节字词和多音节词语两项，允许应试人即时改读一次，以第二次的读音为准，隔字或词语改读无效。

练习多音节词语，除了将单个字音发准之外，还要特别注意语流音变。因为我们在说话的时候，不会一个字一个字地往外说，总要把一些语言单位组织起来，说出一个个句子、一段段话，形成连续的语流。在语流中，一个音由于受到前后音的影响，或者受到说话的高低、快慢、强弱等因素的影响会发生一些变化，这种现象就叫做“音变”，也称为“语流音变”。

普通话里的音变现象主要有轻声、儿化、变调以及语气词“啊”的音变等。

第一节　轻声

一、轻声

轻声指在一定语音条件下读得又轻又短的调子，是一种特殊的变调现象。如“哥哥”、“棉花”、“豆腐”、“耳朵”中的后一个字。轻声的特点是音量小，音长短，音高也比较低。轻声一定出现在词语和句子中，没有独立存在的轻声音节。轻声是音节连读时产生的一种变调现象，不是一个独立的调类。固定读轻声的单音节助词和语气词也不例外。

书写的时候，普通话轻声音节不标调号。如“事情”的“情”标注为“qing”而不是“qíng”。

二、轻声的作用

（一）区别词性

普通话词语读或不读轻声有时会产生词性上的差异。如：

不是（búshì）：表否定的动词性词组

不是（búshi）：名词，错处、过失

盘缠（pánchán）：动词，缠绕

盘缠（pánchan）：名词，路费

买卖（mǎimài）：动词性词组，买和卖

买卖（mǎimai）：名词，生意

大意（dàyì）：名词，主要意思
大意（dàyi）：形容词，疏忽

地道（dìdào）：名词，地下通道
地道（dìdao）：形容词，纯粹、实在

（二）区别词义

普通话词语读或不读轻声还会产生词义上的差异。如“开通”，读“kāitōng”时基本义为“使原来闭塞的（如思想、风气等）不闭塞”；读轻声“kāitong”时基本义为“（思想）不守旧；不拘谨固执”。由“开通”一词可见，轻声词语有时可以同时区别词性和词义。如：

本事（běnshì）：文学作品依据的故事　本事（běnshi）：本领
地方（dìfāng）：本地、当地　地方（dìfang）：区域、部分
东西（dōngxī）：东边和西边，从东到西　东西（dōngxi）：泛指事物
男人（nánrén）：男性成年人　男人（nánren）：丈夫
来路（láilù）：来的道路，来源　来路（láilu）：来历
老子（lǎozǐ）：指古代人名　老子（lǎozi）：指父亲
兄弟（xiōngdì）：哥哥和弟弟　兄弟（xiōngdi）：弟弟
琢磨（zhuómó）：雕刻和打磨，加工使精美　琢磨（zuómo）：思索、考虑
孙子（sūnzǐ）：人名，即孙膑　孙子（sūnzi）：儿子的儿子

三、变读轻声的规律

古语词、新词、科学术语中一般没有轻声，轻声多出现在人们口头常用且已长久使用的词语中，并且大都同词汇和语法上的虚义成分有关系。另外，还有一些口语中常用的双音节词语，习惯上将后一音节读成轻声。

在普通话中，其分布规律大致如下：

（一）助词

结构助词“的、地、得”；动态助词“着、了、过”；比况助词“似的”等读轻声。如：

吃的　狠狠地　拿得起　说着　走了　信得过

她松松地皱缬（zhòuxié）着，像少妇拖着的裙幅；她滑滑地明亮着，像涂了“明油”一（yì）般，有鸡蛋清那样软，那样嫩（nèn）。　（作品 25 号）

两面奇峰对峙（duìzhì）着，满山峰都是奇形怪状的老松，年纪怕都有上千岁了，颜色竟那么浓，浓得好像要流下来似的（shìde）。　（作品 38 号）

（二）语气词

语气词“吗、呢、吧、啊、啦、喽、嘞”等读轻声。如：

去吗　谁呢　走吧　对呀　说啊　行啦　好嘛

那还用得着（yòngdezháo）问吗，朋友们缅怀（miǎnhuái）过去，正是瞩望（zhǔwàng）未来。瞩目于未来的人们必将获得（huòdé）未来。

（作品 24 号）

（三）名词的后缀

名词后缀“子、儿、头、们”等读轻声。但是，“原子、光子、孢子、男子、孔子、人头、窝窝头”等词的“子、头”是实语素，不读轻声。如：

狮子　风儿　馒头　我们　嘴巴　姑娘家

我的妻子和儿子走在后面。小家伙突然叫起来：“前面是妈妈和儿子，后面也是妈妈和儿子。”　（作品 33 号）

素常烟雾腾腾的山头，显得眉目分明。同伴们都欣喜地说：“明天早晨准可以看见日出了。”我也是抱着这种想头（xiǎngtou），爬上山去。

（作品 38 号）

（四）方位名词

方位名词“上、下、里、边、头、面”等要读轻声。如：

地上　乡下　家里　里边　上头　外面

（注意：“国内”、“省外”、“校内”、“门外”等词中的“内”、“外”习惯上不读轻声。）

它站在许多人的头上，肩上，掌上，胳膊上，与喂养过它的人们，一起融进那蓝色的画面……（作品22号）

在浩瀚无垠（hàohàn－wúyín）的沙漠里，有一（yí）片美丽的绿洲（lǜzhōu），绿洲里藏着一（yì）颗闪光的珍珠。（作品29号）

（五）趋向动词（动词后）

动词后面的趋向补语“来、去、上、下、出、起、上来、下去、进来、出去、起来、过去、回去”等读轻声。如：

捎上　放下　过来　拿去　说过　走开　跑出去　拿出来　暗下来　放进去　想起来　冷下去　听起来　唱起来

老麻雀是猛扑下来救护幼雀的。它用身体掩护着自己的幼儿……

（作品27号）

女作家挑了一朵花说：“看起来，你很高兴。”老太太面带微笑地说：“是的，一切都这么美好，我为什么不高兴呢？”（作品37号）

（六）某些叠音词的第二个音节

某些叠词如“猩猩、娃娃、姐姐”等的第二个音节读轻声。如：

叔叔　婶婶　伯伯　姑姑　舅舅　姥姥　哥哥　姐姐　娃娃　星星　蝈蝈　蛐蛐

我想，不光是叔叔，我们每个人都是风筝，在妈妈手中牵着，从小放到大，再从家乡放到祖国最需要的地方去啊！（作品9号）

我翻阅照相册时，人们总是问："你爸爸是什么样子的？"天晓得！他老是忙着替别人拍照。（作品10号）

（七）单音节动词重叠的第二个音节

重叠动词的第二个音节读轻声，如：

听听　说说　读读　写写　看看　跑跑

试试　转转　笑笑　瞧瞧　想想　问问

母亲说："今晚我们过一个收获节，请你们父亲也来尝尝我们的新花生，好不好？"我们都说好。（作品26号）

这天中午，法国著名诗人让·彼浩勒也经过这里。他看看木牌上的字，问盲老人："老人家，今天上午有人给你钱吗？"（作品53号）

（八）一些代词和副词

双音节动宾词语的人称代词和词语中间的副词"不"，如：

找我　请你　揍他　看她　叫它

冷不冷　酸不酸　打不开　吃不消　像不像　对不起　差不多　了不起　怪不得

后来忽然有人发明了一个方法，就是把一些植物的种子放在要剖析的头盖骨里，给它以温度与湿度，使它发芽。（作品49号）

在里约热内卢的一个贫民窟里，有一个男孩子，他非常喜欢足球，可是又买不（bu）起。（作品41号）

（九）一些数量词

量词"个"，重叠动词中间的"一"等要读轻声。如：

三个　那个　见个面儿　说个话儿　喝个痛快　差个两三岁

摸一摸　尝一尝　想一想　做一做　笑一笑　读一读　试一试　说一说

瞧一瞧

其中的一个，不由分说就坐在小凳上给我擦起皮鞋来，另一个则彬彬有礼地发问："小姐，您是哪国人？喜欢渥太华吗？" （作品21号）

你可能没有成为一个美丽的词，一个引人注目的句子，一个惊叹号，但你依然是这生命的立体诗篇中的一个音节、一个停顿、一个必不可少的组成部分。 （作品55号）

（十）一些重叠形容词和四字格拟声词

口语化的AABB式重叠形容词和四字格拟声词的第二个音节要读轻声。如：

稳稳当当 痛痛快快 冒冒失失 凉凉快快 凑凑合合 含含糊糊
和和气气 团团圆圆 老老实实 干干净净 叽叽喳喳 叽叽嘎嘎
叽里咕噜 叽里呱啦 叽叽咕咕 丁零当啷 叮叮当当 噼里啪啦
稀里哗啦 呜哩哇啦

说也奇怪，和新朋友会谈文学、谈哲学、谈人生道理等等（déngděng），和老朋友却只话家常，柴米油盐（chái－mǐ－yóu－yán），细细碎碎，种种琐事（suǒshì）。 （作品32号）

捧着作文本，他笑了，蹦蹦跳跳地回家了，像只喜鹊。 （作品51号）

（十一）一些口语中常用的双音节词

有些双音节词第二个音节习惯上要读轻声，缺乏规律性。如：

云彩 蘑菇 护士 事情 脑袋 胳膊 东西 买卖 盘算 牡丹 体面
扫帚 亮堂 先生 凑合 地方 妖精 明白 搅和 大夫 咳嗽 萝卜
簸箕 蚂蚱 别扭 伙计 抽屉 提防 胳臂 馄饨 聪明 能耐 柴火
便宜 行李 琢磨 蛤蟆 包袱 凉快 关系 招呼 消息 力量 阔气
忘记

在这些日子（rìzi）里，我看到了不少多年不见的老朋友（péngyou），又结识了一些新朋友。大家喜欢涉及的话题之一，就是古长安和古奈良。

（作品 24 号）

我说："花生的价钱便宜（piányi），谁都可以买来吃，都喜欢（xǐhuan）吃。这就是它的好处。"父亲说："花生的好处很多，有一（yí）样最可贵，它的果实埋在地里，不（bú）像桃子（táozi）、石榴（shíliu）、苹果那样，把鲜红嫩绿（nènlǜ）的果实高高地挂在枝头上，使人一（yí）见就生爱慕（àimù）之心。你们看它矮矮地长在地上，等到成熟了，也不能立刻分辨（fēnbiàn）出来它有没有果实，必须挖出来才知道。"我们都说是，母亲也点点头。

（作品 26 号）

掌握轻声词语是学习普通话的基本要求。所谓"港台腔"，主要原因之一是没有掌握轻声词语的读音。南方方言区基本没有词汇轻声现象，所以轻声对于南方方言区的考生来说是一个语音难点。练习时，可以有意适当延长第一个音节的音长，缩短第二个音节的音长，使两个音节在音长上形成对比，从而凸显轻声轻而短的音感特点。

为提高学习效率，考生熟记"普通话水平测试用必读轻声词语表"（见本章附录）里的轻声词语即可。对这些必读轻声词语应适当记忆，但不要死记硬背。毕竟，考生通常具有中等及中等以上汉语学习水平，对大部分普通话必读轻声词语已经掌握。考生第一遍通读普通话必读轻声词语时，可将那些"不同寻常"的轻声词语做个记号，再复习时，只需读准、记牢那些做了记号的轻声词语即可。

第二节　儿化

er 作为普通话里的一个韵母，不与声母相拼，自成音节，不过单独念 er 的字很少，常见的只有"儿、而、尔、耳、贰、二"等几个。"儿"可以和其他韵母结合，变更原来韵母的音色，形成一个卷舌韵母，这种韵母，也叫儿化韵。普通话韵母除了 ê、er 以外都可以儿化。《汉语拼音方案》规定：原韵母之后加上一个 r 来表示儿化，如：花儿 huār、鸟儿 niǎor、狗儿 gǒur、盆儿 pénr 等。

一、儿化的作用

北京话里儿化词很多，许多儿化现象与词的意义、词性有密切的关系。

（一）区别词义和词性

画（动词）——画儿（名词）
尖（形容词）——尖儿（名词）
盖（动词）——盖儿（名词）
弯（形容词、动词）——弯儿（名词）

（二）表示细小轻微的意思

小刀儿、针尖儿、小偷儿、窟窿眼儿、芝麻官儿、三十来斤儿

（三）表示喜爱、亲切的感情色彩

小狗儿、小孩儿、小曲儿、小脸蛋儿、小两口儿、小脚丫儿

二、韵母儿化的音变规律

音节儿化后发音的变化有两种情况：一是儿化后，韵母不变，只是在读该音节时，韵母同时加一个卷舌动作；二是儿化后，原韵母发生了变化，出现了增音或减音现象。

（一）音节末尾是 ɑ、o、e、u（含 ɑo、iɑo）

韵母不变，直接卷舌。如：

鲜花儿　大伙儿　唱歌儿　树叶儿　白兔儿　板擦儿　牙刷儿　门口儿

走近细看，他不就是被大家称为“乡巴佬儿（xiāngbālǎor）”的卡廷（kǎtíng）吗？（作品28号）

小山整把济南围了个圈儿（quānr），只有北边缺着点口儿（kǒur）。（作品17号）

（二）韵尾是i、n（in、ün除外）的

丢掉韵尾，主要元音卷舌。如：

小孩儿　树根儿　摸黑儿　一块儿　走神儿　没准儿　汽水儿　人缘儿

夜风轻飘飘地吹拂着，空气中飘荡着一种大海和田禾相混合的香味儿，柔软的沙滩上还残留着白天太阳炙晒的余温。（作品12号）

时间过得那么飞快，使我的小心眼儿（xīnyǎnr）里不只是着急，还有悲伤。（作品14号）

最妙的是下点儿小雪呀。看吧，山上的矮松越发的青黑，树尖儿（jiānr）上顶//着一髻儿（yíjìr）白花，好像日本看护妇。山尖儿全白了，给蓝天镶上一道银边。山坡上，有的地方雪厚点儿，有的地方草色还露着。（作品17号）

（三）韵腹是i、ü的

加央元音ə，再卷舌。如：

小米儿　玩意儿　垫底儿　肚脐儿　憋气儿　针鼻儿

金鱼儿　毛驴儿　蛐蛐儿　小曲儿　痰盂儿　有趣儿

（四）舌尖音-i［ɿ］或-i［ʅ］

主要元音变为ə，再卷舌。如：

瓜子儿　棋子儿　石子儿　没词儿　铁丝儿　挑刺儿

没事儿　树枝儿　墨汁儿　锯齿儿　记事儿　橙汁儿

(五)有 ng [ŋ] 韵尾的

卷舌时韵尾丢失,元音鼻化,有 i 韵腹的要加 ɚ。如:

花瓶儿　打鸣儿　图钉儿　门铃儿　眼镜儿　蛋清儿

帮忙儿　火星儿　人影儿　找零儿　电影儿　药方儿

这样,一道儿白,一道儿暗黄,给山们穿上一件带水纹儿的花衣;看着看着,这件花衣好像被风儿吹动,叫你希望看见一点儿更美的山的肌肤。等到快日落的时候,微黄的阳光斜射在山腰上,那点儿薄雪好像忽然害羞,微微露出点儿粉色。(作品 17 号)

广东三种方言根本没有卷舌儿化韵,所以,这对于多数考生而言也是一个难点。训练时先掌握基本的发音规律,然后牢记一点:儿化的 r 在儿化韵中并不是一个音素,只是一个卷舌的动作标记。应该是在发儿化韵主要元音的同时,附加上卷舌动作,使儿化韵母具有卷舌色彩,而不是发完主要元音之后再加上 er。本章后附有"普通话水平测试用儿化词语表"供考生练习。

第三节　变调

当普通话音节连续发出时,有一些音节的调值会受到后面音节声调的影响,发生有规律的变化,这种变化叫做变调,又称连读变调。

普通话常见的连读变调有以下几种:

一、上声的变调

上声的调值为 214,上声音节单念或在语流的末尾时调值不变,但在下列情况下,调值变成 35 或者 21。

(一)上声 + 上声

(1)两个上声相连,前一个上声变阳平,调值为 35。如:

港口　好比　审美　走访　草稿
水果　保险　雨伞　选举　手表

（2）三个上声相连，末尾音节（不带句子语气时）不变调，前面两个音节的变调根据词语结构来变化。

a. 如果后两个音节在语法上联系比较紧密，则为“单双格”。如果词语结构是“单双格”时，第一个音节读21调值，第二个音节读35调值。如：

老保守　纸老虎　冷处理　海产品　买雨伞
女导演　很典雅　小广场　好领导　小手表

b. 如果前两个音节在语法上联系较为紧密，称为“双单格”。如果词语结构是“双单格”时，前两个音节读35调值。如：

手写体　展览馆　洗脸水　总统府　赶紧走
表演者　草稿纸　打靶场　古典美　体检表

（二）上声＋非上声

前一个上声读半上，调值为21。如：

上声＋阴平　保温　产生　厂家　武装
上声＋阳平　点燃　火柴　狡猾　老人
上声＋去声　本质　岗位　古代　企业

（三）上声＋轻声

（1）上声在由非上声变成的轻声前，一律读半上，调值为21，如：

嘴巴　脊梁　脑袋　老实

(2) 上声在由上声变成的轻声前，调值有的变成21，有的变成35，如：

读21调值　奶奶　姐姐　椅子　耳朵
读35调值　走走　哪里　把手　小姐

二、去声变调

当两个去声字相连，前面去声字的调值由51变为53，如：

变化　快速　大会　互助
概况　跳动　命令　照料

去声和阴平、阳平、上声等其他声调相连时仍读原调。

三、"一"、"不"的变调

"一"的本调是阴平调，"不"的本调是去声调。它们在单念、词句末尾或表示序数的时候读本调。如在"一等奖"（表序数）、"唯一"（词末），"不，我就不!"（单念、句尾）中读本调。"一"和"不"在语流中也经常发生变调。规律如下：

（一）"一"、"不"在去声前读阳平

如：

一半　一道　一概　一律　一定　一共　一切　一致
不必　不但　不愧　不错　不是　不要　不用　不愿

（二）"一"在非去声前读去声，"不"仍读为本调

如：

"一" +阴平：一般　一些　一心　一朝

"不" +阴平：不堪　不惜　不该　不开

"一" +阳平：一齐　一旁　一同　一连

"不" +阳平：不如　不良　不能　不同

"一" +上声：一举　一手　一体　一早

"不" +上声：不许　不解　不敢　不想

（三）"一"、"不"夹在重叠动词等词语的中间时读轻声

如：

想一想　看一看　谈一谈

好不好　来不来　想不到

朗读片段练习

没有一（yí）片绿叶，没有一缕（yìlǚ）炊烟，没有一（yí）粒泥土，没有一（yì）丝花香，只有水的世界，云的海洋。一（yí）阵台风袭（xí）过，一（yì）只孤单的小鸟无家可归，落到被卷到洋里的木板上，乘流（chéngliú）而下，姗姗（shānshān）而来，近了，近了！（作品22号）

一（yì）锅小米稀饭，一（yì）碟大头菜，一（yì）盘自家酿制（niàngzhì）的泡菜（pàocài），一（yì）只巷口买回的烤鸭，简简单单，不（bú）像请客，倒（dào）像家人团聚。（作品32号）

学校停课一天，穷孩子就受一（yì）天冻，挨（ái）一（yì）天饿，所以老师们宁愿（nìngyuàn）自己苦一（yì）点儿（diǎnr），也不能停课。

（作品23号）

第四节　"啊"的音变

"啊"附着在句子的末尾，是语气词。由于跟前一个音节连读而受其末尾音素的合音影响，常常发生音变现象。在不同的语音环境中，“啊”的读音有不同的变化形式。另外，“啊”的不同读音，可用相应的汉字来表示。具体规律如下：

“啊”的音变表

“啊”前面音节末尾的音素	“啊”的音变	汉字写法	举　例
ɑ、o、e、ê、i、ü	yɑ	呀	红花呀、菠萝呀、唱歌呀
u（包括ɑo、iɑo末尾的u）	wɑ	哇	别哭哇、好笑哇、快跑哇、加油哇
n	nɑ	哪	好难哪、冷饮哪、真欢哪、亲人哪
ng	ngɑ	啊	红娘啊、真香啊、多清啊、老翁啊
-i［ʅ］、er	rɑ	啊	电视啊、老师啊
-i［ɿ］	zɑ	啊	写字啊、几次啊

朗读片段练习

清晨，当第一束（dìyīshù）阳光射进舷窗（xiánchuāng）时，它便敞开美丽的歌喉，唱啊（ngɑ）唱，嘤嘤有韵（yīngyīng－yǒuyùn），宛如春水淙淙（cóngcóng）。（作品22号）

是啊（rɑ），我//们有自己的祖国，小鸟也有它的归宿，人和动物都是一样啊（ngɑ），哪儿也不如故乡好！（作品22号）

看啊，多美的一幅画啊！那上面有山啊，水啊，树啊，花儿啊，还有许多小动物呢，有公鸡啊，白鸭啊，猪啊，羊啊，大水牛啊，枣红马啊，还有一只小白兔啊，多热闹啊！是啊，画得就像真的一样啊！

第五节　词的轻重音格式

读双音节词或者朗读时，如果我们把每个字的声、韵、调原原本本不折不扣地读出来，语感上并不自然，甚至感到很生硬，不像纯正的普通话。这其中一个主要原因就是没有注意词语的轻重音格式。普通话词语的轻重音细分为四个等级，即：重音、中音、次轻音、最轻音。

普通话词语的轻重音格式的基本形式是：双音节、三音节、四音节词语大多数最后一个音节读为重音。双音节词语绝大多数读为“中·重”格式；三音节词语大多数读为“中·次轻·重”的格式；四音节词语大多数读为“中·次轻·中·重”的格式。

一、双音节词的轻重格式

双音节词语的数量在普通话词语总数中占绝对优势，绝大多数读为“中·重”的格式。如：

认真　青春　国家　伟大　作孽　寻欢　犯罪　调解
学校　电话　男性　车窗　正确　继续　流水　广播
新春　到达　索要　清澈　长城　田野　错位　义愤
无限　持久　面包　芭蕉　为时　陆军　和谐　挣扎

同时，普通话双音节词语中也有前重后轻的格式，其中又有两种情况：

一类为“重·轻”格式，前一个音节读重音，后一个音节读轻音，即轻声词语，用汉语拼音注音时，不标声调符号。如：

规矩　胳膊　功夫　行当　合同　胡琴　厚道　狐狸
篱笆　累赘　买卖　热闹　事情　舒服　自在　粽子
棒槌　模糊　佩服　把子　力气　粮食　门道　女婿
便宜　溜达　冤枉　主意　应酬　栅栏　丈夫　嘴巴
扎实　太阳　时候　葡萄　孩子　运气　凑合　打扮

另一类为“重·次轻”格式，前一个音节读重音，后一个音节读次轻音。如：

工人 艺术 手巾 部分 博士 报务 书记
布置 知识 设备 意义 现象 愤懑 气氛

一部分读“重·次轻”格式的双音节词语在《现代汉语词典》中，轻读音节标注声调符号，并在轻读音节前加圆点，如“新鲜”、“客人”、“风水”、“匀称”等。另一部分词语，则未作明确标注，如“分析”、“臭虫”、“老虎”等。这类词语一般轻读，偶尔（间或）重读，读音不太稳定，我们可以称之为“可轻读词语”。

掌握轻声词语是学习普通话的基本要求。所谓说话带“港台腔”，主要原因之一是没有掌握好轻声词语的读音。另外，我们将大多数“重·次轻”格式的词语的后一个音节轻读，则语感自然，是普通话水平较高的表现之一。朗读作品中，有许多“重·次轻”词语，如朗读作品2号中，“重·次轻”词语有“薪水、牢骚、抱怨、心里、集市上、回来、多少、已经”等。如果将这些词语读作“中·重”格式，则听起来较生硬、不自然，也就是所谓的方言语调或语调偏误。

二、三音节词的轻重格式

三音节词语绝大多数是“中·次轻·重”格式：

安理会 乒乓球 立交桥 探险家 东道主 炊事员
寄生虫 染色体 地球仪 电视机 主持人 西红柿

少数为“中·重·轻”格式：

撑门面 硬骨头 山核桃 两口子 过日子 同学们
凑热闹 打官司 闹别扭 赔不是 吊嗓子

也有少数为“中·轻·重”格式：

吃不消　过不去　萨其马　来不了　走不成

萝卜汤　月亮门　豆腐脑　生意场　窝囊废

三、四音节词的轻重格式

绝大多数是“中 · 次轻 · 中 · 重”格式：

高高兴兴　坑坑洼洼　曲曲弯弯

也有少数是“中 · 次轻 · 重 · 最轻”格式：

外甥媳妇　如意算盘

要克服轻重格式方面的缺陷，首先必须多听、多辨别，才能形成词的轻重格式的正确语感。然后在此基础上多积累、多练习，才能熟练掌握普通话词语的轻重格式。

附录一

普通话水平测试用必读轻声词语表

1. 本表根据《普通话水平测试用普通话词语表》编制。

2. 本表供普通话水平测试第二项——读多音节词语（100 个音节）测试使用。

3. 本表共收词语 548 条（其中“子”尾词 206 条），按汉语拼音字母顺序排列。

4. 条目中的非轻声音节只标本调，不标变调；条目中的轻声音节，注音不标调号，如“明白 míngbai”。

爱人 àiren	案子 ànzi	巴掌 bāzhang
把子 bǎzi	把子 bàzi	爸爸 bàba
白净 báijing	班子 bānzi	板子 bǎnzi
帮手 bāngshou	梆子 bāngzi	膀子 bǎngzi
棒槌 bàngchui	棒子 bàngzi	包袱 bāofu
包涵 bāohan	包子 bāozi	豹子 bàozi
杯子 bēizi	被子 bèizi	本事 běnshi
本子 běnzi	鼻子 bízi	比方 bǐfang
鞭子 biānzi	扁担 biǎndan	辫子 biànzi
别扭 bièniu	饼子 bǐngzi	拨弄 bōnong
脖子 bózi	簸箕 bòji	补丁 bǔding
不由得 bùyóude	不在乎 bùzàihu	步子 bùzi
部分 bùfen	裁缝 cáifeng	财主 cáizhu
苍蝇 cāngying	差事 chāishi	柴火 cháihuo
肠子 chángzi	厂子 chǎngzi	场子 chǎngzi
车子 chēzi	称呼 chēnghu	池子 chízi
尺子 chǐzi	虫子 chóngzi	绸子 chóuzi
除了 chúle	锄头 chútou	畜生 chùsheng
窗户 chuānghu	窗子 chuāngzi	锤子 chuízi
刺猬 cìwei	凑合 còuhe	村子 cūnzi
耷拉 dāla	答应 dāying	打扮 dǎban
打点 dǎdian	打发 dǎfa	打量 dǎliang
打算 dǎsuan	打听 dǎting	大方 dàfang
大爷 dàye	大夫 dàifu	带子 dàizi
袋子 dàizi	耽搁 dānge	耽误 dānwu
单子 dānzi	胆子 dǎnzi	担子 dànzi
刀子 dāozi	道士 dàoshi	稻子 dàozi
灯笼 dēnglong	凳子 dèngzi	提防 dīfang
笛子 dízi	底子 dǐzi	地道 dìdao

地方 dìfang
弟弟 dìdi
弟兄 dìxiong
点心 diǎnxin
调子 diàozi
钉子 dīngzi
东家 dōngjia
东西 dōngxi
动静 dòngjing
动弹 dòngtan
豆腐 dòufu
豆子 dòuzi
嘟囔 dūnang
肚子 dǔzi
肚子 dùzi
缎子 duànzi
对付 duìfu
对头 duìtou
队伍 duìwu
多么 duōme
蛾子 ézi
儿子 érzi
耳朵 ěrduo
贩子 fànzi
房子 fángzi
废物 fèiwu
份子 fènzi
风筝 fēngzheng
疯子 fēngzi
福气 fúqi
斧子 fǔzi
盖子 gàizi
甘蔗 gānzhe
杆子 gānzi
杆子 gǎnzi
干事 gànshi
杠子 gàngzi
高粱 gāoliang
膏药 gāoyao
稿子 gǎozi
告诉 gàosu
疙瘩 gēda
哥哥 gēge
胳膊 gēbo
鸽子 gēzi
格子 gézi
个子 gèzi
根子 gēnzi
跟头 gēntou
工夫 gōngfu
弓子 gōngzi
公公 gōnggong
功夫 gōngfu
钩子 gōuzi
姑姑 gūgu
姑娘 gūniang
谷子 gǔzi
骨头 gǔtou
故事 gùshi
寡妇 guǎfu
褂子 guàzi
怪物 guàiwu
关系 guānxi
官司 guānsi
罐头 guàntou
罐子 guànzi
规矩 guīju
闺女 guīnü
鬼子 guǐzi
柜子 guìzi
棍子 gùnzi
锅子 guōzi
果子 guǒzi
蛤蟆 háma
孩子 háizi
含糊 hánhu
汉子 hànzi
行当 hángdang
合同 hétong
和尚 héshang
核桃 hétao
盒子 hézi
红火 hónghuo
猴子 hóuzi
后头 hòutou
厚道 hòudao
狐狸 húli

胡琴 húqin　糊涂 hútu　皇上 huángshang
幌子 huǎngzi　胡萝卜 húluóbo　活泼 huópo
火候 huǒhou　伙计 huǒji　护士 hùshi
机灵 jīling　脊梁 jǐliang　记号 jìhao
记性 jìxing　夹子 jiāzi　家伙 jiāhuo
架势 jiàshi　架子 jiàzi　嫁妆 jiàzhuang
尖子 jiānzi　茧子 jiǎnzi　剪子 jiǎnzi
见识 jiànshi　毽子 jiànzi　将就 jiāngjiu
交情 jiāoqing　饺子 jiǎozi　叫唤 jiàohuan
轿子 jiàozi　结实 jiēshi　街坊 jiēfang
姐夫 jiěfu　姐姐 jiějie　戒指 jièzhi
金子 jīnzi　精神 jīngshen　镜子 jìngzi
舅舅 jiùjiu　橘子 júzi　句子 jùzi
卷子 juànzi　咳嗽 késou　客气 kèqi
空子 kòngzi　口袋 kǒudai　口子 kǒuzi
扣子 kòuzi　窟窿 kūlong　裤子 kùzi
快活 kuàihuo　筷子 kuàizi　框子 kuàngzi
困难 kùnnan　阔气 kuòqi　喇叭 lǎba
喇嘛 lǎma　篮子 lánzi　懒得 lǎnde
浪头 làngtou　老婆 lǎopo　老实 lǎoshi
老太太 lǎotàitai　老头子 lǎotóuzi　老爷 lǎoye
老子 lǎozi　姥姥 lǎolao　累赘 léizhui
篱笆 líba　里头 lǐtou　力气 lìqi
厉害 lìhai　利落 lìluo　利索 lìsuo
例子 lìzi　栗子 lìzi　痢疾 lìji
连累 liánlei　帘子 liánzi　凉快 liángkuai
粮食 liángshi　两口子 liǎngkǒuzi　料子 liàozi
林子 línzi　翎子 língzi　领子 lǐngzi
溜达 liūda　聋子 lóngzi　笼子 lóngzi

炉子 lúzi	路子 lùzi	轮子 lúnzi
萝卜 luóbo	骡子 luózi	骆驼 luòtuo
妈妈 māma	麻烦 máfan	麻利 máli
麻子 mázi	马虎 mǎhu	码头 mǎtou
买卖 mǎimai	麦子 màizi	馒头 mántou
忙活 mánghuo	冒失 màoshi	帽子 màozi
眉毛 méimao	媒人 méiren	妹妹 mèimei
门道 méndao	眯缝 mīfeng	迷糊 míhu
面子 miànzi	苗条 miáotiao	苗头 miáotou
名堂 míngtang	名字 míngzi	明白 míngbai
蘑菇 mógu	模糊 móhu	木匠 mùjiang
木头 mùtou	那么 nàme	奶奶 nǎinai
难为 nánwei	脑袋 nǎodai	脑子 nǎozi
能耐 néngnai	你们 nǐmen	念叨 niàndao
念头 niàntou	娘家 niángjia	镊子 nièzi
奴才 núcai	女婿 nǚxu	暖和 nuǎnhuo
疟疾 nüèji	拍子 pāizi	牌楼 páilou
牌子 páizi	盘算 pánsuan	盘子 pánzi
胖子 pàngzi	狍子 páozi	盆子 pénzi
朋友 péngyou	棚子 péngzi	脾气 píqi
皮子 pízi	痞子 pǐzi	屁股 pìgu
片子 piānzi	便宜 piányi	骗子 piànzi
票子 piàozi	漂亮 piàoliang	瓶子 píngzi
婆家 pójia	婆婆 pópo	铺盖 pūgai
欺负 qīfu	旗子 qízi	前头 qiántou
钳子 qiánzi	茄子 qiézi	亲戚 qīnqi
勤快 qínkuai	清楚 qīngchu	亲家 qìngjia
曲子 qǔzi	圈子 quānzi	拳头 quántou
裙子 qúnzi	热闹 rènao	人家 rénjia

人们 rénmen	认识 rènshi	日子 rìzi
褥子 rùzi	塞子 sāizi	嗓子 sǎngzi
嫂子 sǎozi	扫帚 sàozhou	沙子 shāzi
傻子 shǎzi	扇子 shànzi	商量 shāngliang
晌午 shǎngwu	上司 shàngsi	上头 shàngtou
烧饼 shāobing	勺子 sháozi	少爷 shàoye
哨子 shàozi	舌头 shétou	身子 shēnzi
什么 shénme	婶子 shěnzi	生意 shēngyi
牲口 shēngkou	绳子 shéngzi	师父 shīfu
师傅 shīfu	虱子 shīzi	狮子 shīzi
石匠 shíjiang	石榴 shíliu	石头 shítou
时候 shíhou	实在 shízai	拾掇 shíduo
使唤 shǐhuan	世故 shìgu	似的 shìde
事情 shìqing	柿子 shìzi	收成 shōucheng
收拾 shōushi	首饰 shǒushi	叔叔 shūshu
梳子 shūzi	舒服 shūfu	舒坦 shūtan
疏忽 shūhu	爽快 shuǎngkuai	思量 sīliang
算计 suànji	岁数 suìshu	孙子 sūnzi
他们 tāmen	它们 tāmen	她们 tāmen
台子 táizi	太太 tàitai	摊子 tānzi
坛子 tánzi	毯子 tǎnzi	桃子 táozi
特务 tèwu	梯子 tīzi	蹄子 tízi
挑剔 tiāoti	挑子 tiāozi	条子 tiáozi
跳蚤 tiàozao	铁匠 tiějiang	亭子 tíngzi
头发 tóufa	头子 tóuzi	兔子 tùzi
妥当 tuǒdang	唾沫 tuòmo	挖苦 wāku
娃娃 wáwa	袜子 wàzi	晚上 wǎnshang
尾巴 wěiba	委屈 wěiqu	为了 wèile
位置 wèizhi	位子 wèizi	蚊子 wénzi

稳当 wěndang	我们 wǒmen	屋子 wūzi
稀罕 xīhan	席子 xízi	媳妇 xífu
喜欢 xǐhuan	瞎子 xiāzi	匣子 xiázi
下巴 xiàba	吓唬 xiàhu	先生 xiānsheng
乡下 xiāngxia	箱子 xiāngzi	相声 xiàngsheng
消息 xiāoxi	小伙子 xiǎohuǒzi	小气 xiǎoqi
小子 xiǎozi	笑话 xiàohua	谢谢 xièxie
心思 xīnsi	星星 xīngxing	猩猩 xīngxing
行李 xíngli	性子 xìngzi	兄弟 xiōngdi
休息 xiūxi	秀才 xiùcai	秀气 xiùqi
袖子 xiùzi	靴子 xuēzi	学生 xuésheng
学问 xuéwen	丫头 yātou	鸭子 yāzi
衙门 yámen	哑巴 yǎba	胭脂 yānzhi
烟筒 yāntong	眼睛 yǎnjing	燕子 yànzi
秧歌 yāngge	养活 yǎnghuo	样子 yàngzi
吆喝 yāohe	妖精 yāojing	钥匙 yàoshi
椰子 yēzi	爷爷 yéye	叶子 yèzi
一辈子 yībèizi	衣服 yīfu	衣裳 yīshang
椅子 yǐzi	意思 yìsi	银子 yínzi
影子 yǐngzi	应酬 yìngchou	柚子 yòuzi
冤枉 yuānwang	院子 yuànzi	月饼 yuèbing
月亮 yuèliang	云彩 yúncai	运气 yùnqi
在乎 zàihu	咱们 zánmen	早上 zǎoshang
怎么 zěnme	扎实 zhāshi	眨巴 zhǎba
栅栏 zhàlan	宅子 zháizi	寨子 zhàizi
张罗 zhāngluo	丈夫 zhàngfu	帐篷 zhàngpeng
丈人 zhàngren	帐子 zhàngzi	招呼 zhāohu
招牌 zhāopai	折腾 zhēteng	这个 zhège
这么 zhème	枕头 zhěntou	镇子 zhènzi

芝麻 zhīma　　知识 zhīshi　　侄子 zhízi

指甲 zhǐjia（zhījia）　　指头 zhǐtou（zhítou）　　种子 zhǒngzi

珠子 zhūzi　　竹子 zhúzi　　主意 zhǔyi

主子 zhǔzi　　柱子 zhùzi　　爪子 zhuǎzi

转悠 zhuànyou　　庄稼 zhuāngjia　　庄子 zhuāngzi

壮实 zhuàngshi　　状元 zhuàngyuan　　锥子 zhuīzi

桌子 zhuōzi　　字号 zìhao　　自在 zìzai

粽子 zòngzi　　祖宗 zǔzong　　嘴巴 zuǐba

作坊 zuōfang　　琢磨 zuómo（思考）

附录二

普通话水平测试用儿化词语表

挨个儿 āigèr　　把门儿 bǎménr　　板擦儿 bǎncār

半道儿 bàndàor　　半截儿 bànjiér　　包干儿 bāogānr

包圆儿 bāoyuánr　　被窝儿 bèiwōr　　鼻梁儿 bíliángr

笔杆儿 bǐgǎnr　　别针儿 biézhēnr　　冰棍儿 bīnggùnr

脖颈儿 bógěngr　　茶馆儿 cháguǎnr　　差点儿 chàdiǎnr

唱歌儿 chànggēr　　抽空儿 chōukòngr　　出圈儿 chūquānr

打盹儿 dǎdǔnr　　打嗝儿 dǎgér　　打晃儿 dǎhuàngr

打鸣儿 dǎmíngr　　打杂儿 dǎzár　　打转儿 dǎzhuànr

大褂儿 dàguàr　　大伙儿 dàhuǒr　　大婶儿 dàshěnr

大腕儿 dàwànr　　旦角儿 dànjuér　　蛋黄儿 dànhuángr

蛋清儿 dànqīngr　　刀把儿 dāobàr　　刀背儿 dāobèir

刀刃儿 dāorènr　　灯泡儿 dēngpàor　　垫底儿 diàndǐr

掉价儿 diàojiàr　　顶牛儿 dǐngniúr　　豆角儿 dòujiǎor

豆芽儿 dòuyár　　逗乐儿 dòulèr　　肚脐儿 dùqír

儿媳妇儿 érxífur　　耳垂儿 ěrchuír　　耳膜儿 ěrmór

饭馆儿 fànguǎnr	饭盒儿 fànhér	粉末儿 fěnmòr
赶趟儿 gǎntàngr	钢镚儿 gāngbèngr	高跟儿鞋 gāogēnrxié
哥们儿 gēmenr	瓜瓤儿 guārángr	瓜子儿 guāzǐr
拐弯儿 guǎiwānr	果冻儿 guǒdòngr	好玩儿 hǎowánr
号码儿 hàomǎr	合群儿 héqúnr	红包儿 hóngbāor
后跟儿 hòugēnr	胡同儿 hútòngr	壶盖儿 húgàir
花盆儿 huāpénr	花瓶儿 huāpíngr	花样儿 huāyàngr
火罐儿 huǒguànr	火锅儿 huǒguōr	火苗儿 huǒmiáor
火星儿 huǒxīngr	记事儿 jìshìr	加塞儿 jiāsāir
加油儿 jiāyóur	夹缝儿 jiāfèngr	脚印儿 jiǎoyìnr
叫好儿 jiàohǎor	酒盅儿 jiǔzhōngr	锯齿儿 jùchǐr
绝招儿 juézhāor	开春儿 kāichūnr	开窍儿 kāiqiàor
坎肩儿 kǎnjiānr	口哨儿 kǒushàor	口罩儿 kǒuzhàor
快板儿 kuàibǎnr	拉链儿 lāliànr	老伴儿 lǎobànr
老本儿 lǎoběnr	老头儿 lǎotóur	泪珠儿 lèizhūr
梨核儿 líhúr	脸蛋儿 liǎndànr	脸盘儿 liǎnpánr
聊天儿 liáotiānr	露馅儿 lòuxiànr	落款儿 luòkuǎnr
麻花儿 máhuār	毛驴儿 máolǘr	冒尖儿 màojiānr
没词儿 méicír	没谱儿 méipǔr	没准儿 méizhǔnr
门洞儿 méndòngr	门槛儿 ménkǎnr	门口儿 ménkǒur
门铃儿 ménlíngr	蜜枣儿 mìzǎor	棉球儿 miánqiúr
面条儿 miàntiáor	名牌儿 míngpáir	摸黑儿 mōhēir
模特儿 mótèr	墨水儿 mòshuǐr	墨汁儿 mòzhīr
纳闷儿 nàmènr	脑瓜儿 nǎoguār	年头儿 niántóur
纽扣儿 niǔkòur	胖墩儿 pàngdūnr	跑调儿 pǎodiàor
跑腿儿 pǎotuǐr	绕远儿 ràoyuǎnr	人影儿 rényǐngr
人缘儿 rényuánr	嗓门儿 sǎngménr	砂轮儿 shālúnr
扇面儿 shànmiànr	石子儿 shízǐr	收摊儿 shōutānr
手绢儿 shǒujuànr	手套儿 shǒutàor	送信儿 sòngxìnr

蒜瓣儿 suànbànr	碎步儿 suìbùr	痰盂儿 tányúr
提成儿 tíchéngr	天窗儿 tiānchuāngr	挑刺儿 tiāocìr
跳高儿 tiàogāor	透亮儿 tòuliàngr	图钉儿 túdīngr
玩意儿 wányìr	围嘴儿 wéizuǐr	戏法儿 xìfǎr
线轴儿 xiànzhóur	香肠儿 xiāngchángr	小辫儿 xiǎobiànr
小丑儿 xiǎochǒur	小葱儿 xiǎocōngr	小孩儿 xiǎoháir
小曲儿 xiǎoqǔr	小人儿书 xiǎorénrshū	小说儿 xiǎoshuōr
小偷儿 xiǎotōur	小瓮儿 xiǎowèngr	小鞋儿 xiǎoxiér
小熊儿 xiǎoxióngr	笑话儿 xiàohuar	鞋带儿 xiédàir
心眼儿 xīnyǎnr	杏仁儿 xìngrénr	牙签儿 yáqiānr
牙刷儿 yáshuār	烟卷儿 yānjuǎnr	眼镜儿 yǎnjìngr
药方儿 yàofāngr	一点儿 yìdiǎnr	一会儿 yíhuìr
一块儿 yíkuàir	一下儿 yíxiàr	一阵儿 yízhènr
衣兜儿 yīdōur	邮戳儿 yóuchuōr	有劲儿 yǒujìnr
有数儿 yǒushùr	鱼漂儿 yúpiāor	雨点儿 yǔdiǎnr
杂院儿 záyuànr	在哪儿 zàinǎr	在这儿 zàizhèr
栅栏儿 zhàlánr	找茬儿 zhǎochár	照片儿 zhàopiānr
针鼻儿 zhēnbír	主角儿 zhǔjuér	抓阄儿 zhuājiūr
走神儿 zǒushénr	走味儿 zǒuwèir	做活儿 zuòhuór

第四章　朗　读

第一节　朗读概述

朗读测试是从《测试大纲》的60篇朗读作品中指定1篇朗读。朗读测试的目的是考查应试人用普通话朗读书面材料的水平，在考查声母、韵母、声调的标准程度的同时，重点考查连读音变、停顿、语调、重音以及流畅程度。

测试时朗读作品，要注意语音标准、语流音变，克服成系统的语音缺陷；同时朗读要忠于原作，不加字、漏字、改字，外国人名、地名按照中文字念声、韵、调；要熟悉作品内容，理解文义，不回读，不卡壳；朗读还要注意停顿、重音、语调、语速等问题，这样才能准确、流畅地用普通话诠释朗读材料。

朗读测试限时4分钟，要求应试人朗读作品的前400个音节，每次语音错误扣0.1分；漏读一个字扣0.1分；存在方言语调则视不同程度一次性扣1.5—3分；停顿、断句不当一次性扣1分；语速不当一次性扣2分；超时30秒以上扣1分。

因为朗读项目的作品出自《普通话水平测试大纲》，所以考生在准备时应反复朗读60篇作品。方言区应试人在练习过程中应多听普通话朗读的示范材料，模仿、跟读，逐步改正字、词语音错误，学习重音、停顿、语调等朗读技巧，做到朗读准确、流畅。

第二节　朗读技巧训练

朗读是一种语言的再现，要求朗读者在理解作品的基础上，运用规范的普通话和恰当的朗读技巧，把书面作品转化为清晰、流畅的有声语言。从中我们可以归纳出朗读的两个基本要求：

一是理解作品内容，掌握作品风格，把握作品基调。考生在准备过程中一定要熟悉60篇作品，了解每一篇作品的大概内容和思想内涵，考生可以在准备朗读材料时，训练归纳每一篇作品的文章大意。把握作品的风格和基调对于朗读也非常重要，因为这决定着朗读者语速的快慢，以及是该采取轻松、愉快还是沉重、悲愤等不同的语调。

如普通话朗读1号作品《白杨礼赞》的内容概括如下：

这是一篇托物抒情的文章，选段形象、生动地描写了白杨树的外形和品质。第一段先用“笔直”点出白杨树是力争上游的一种树，接下来依次描写白杨树的干、枝、叶、皮；最后概括白杨树的气质和性格，突出它的正直、坚强、倔强和不折不挠。第二段用拟人和对比的手法，由赞美树到赞美人，先抑后扬，连用了四个反问句揭示白杨树的象征意义。四个反问排比句，由外向内，层层深入，点破白杨树的象征意义，赞美之情达到极致。

通过了解文章大意，我们可以判断这篇作品的感情基调是热情的赞美。第一段以描写为主，语速稍慢，语调平缓；第二段先抑后扬，四个反问排比句语速加快，语调上扬，烘托出激昂的赞美之情。

二是用规范的普通话朗读。朗读中，应试人应注意声、韵、调的规范和标准，同时还要考虑语流中的各种音变现象。这一部分我们在前面两章已经详细地介绍过，这里不再赘述。

除了要把握以上的两个基本要求之外，朗读过程中还要注意停顿、重音、语调三点技巧。

一、停顿

朗读中的停顿，既是朗读者的生理需求，又是表达作品内容、感情的重要手段。恰当的停顿能够保证朗读者的气息均匀、声音饱满，也能够使朗读抑扬顿挫、跌宕起伏，富有感染力。不恰当的停顿往往会使听者难以分辨句意，甚至错误地理解句意。如“我看见他笑了”有两种停顿方式。分别是：

我看见/他笑了。

我看见他/笑了。

停顿之处不同，句子的语意大不相同，朗读时要根据语境合理安排停顿。

停顿分为语法停顿和强调停顿两种：

（一）语法停顿

语法停顿首先可以通过文章中的自然段落和标点符号等显性标记来表示。自然段落之间往往要停顿较长时间，大于句子的间隔时长；而标点符号停顿的时长规律一般是句号、感叹号、问号、省略号 > 分号、破折号、连接号 > 冒号、逗号 > 顿号、间隔号。其次，有时在没有标记的地方，为表达内容和感情也需要停顿，尤其是在长句和结构复杂的句子中，以下举例说明：

主语或谓语较长时，主谓之间往往需要停顿。如：

由此我想，那些失去或不能阅读的人/是多么的不幸，他们的丧失是不可补偿的。世间有诸多的不平等，财富的不平等，权力的不平等，而阅读能力的拥有或丧失/却体现为精神的不平等。

爸/不懂得怎样表达爱，使我们一家人融洽相处的/是我妈。他只是每天上班下班，而妈/则把我们做过的错事开列清单，然后由他来责骂我们。

宾语较长时，动宾之间需要停顿。如：

他们知道/与其骗我说外祖母睡着了，还不如对我说实话：外祖母永远不会回来了。

一年以后，市政府权威人士进行工程验收时，却说/只用一根柱子支撑天花板太危险，要求莱伊恩再多加几根柱子。

莱伊恩自信/只要一根坚固的柱子足以保证大厅安全，他的“固执”惹恼了市政官员，险些被送上法庭。

定语较长时，定语中也需要按照结构适当停顿，一般停顿出现在距中心语较远的定语后。如：

一个读书人，一个有机会拥有超乎个人生命体验的/幸福人。

而城市各处的/真的灯火也次第亮了起来，尤其是围绕在海港周围山坡上的/那一片灯光……

状语、补语较长时，与中心语之间也经常要适当地停顿。如：

我发现母亲正仔细地/用一小块儿碎面包/擦那给我煎牛排用的油锅。

每天在学校的操场上一圈儿又一圈儿地跑着，跑得/累倒在地上，扑在草坪上痛哭。

并列成分之间，也往往可以适当地停顿。如：

人们从读书中学做人，从那些往哲先贤/以及当代才俊的著述中学得他们的人格。

由此我想，那些失去/或不能阅读的人是多么的不幸。

（二）强调停顿

强调停顿是用来强调句中某一个要点的停顿。根据对文意的理解以及对作品感情的把握，为突出和强调某一要素，朗读者可作短暂停顿处理。强调停顿往往也伴随着重音的出现。适当地强调停顿能够突出重点，更好地传达作品的内容和感情，增强朗读的表现力。如：

难道你就只觉得/树/只是树。

这是入冬以来，胶东半岛上的/第一场雪。

不久便来了车，小心翼翼地/将它运走了。

也有不甘心落空的，便驻扎在这里，继续寻找。彼得·弗雷特/就是其中一员。

在浩瀚无垠的沙漠里，有一片美丽的绿洲，绿洲里藏着一颗闪光的珍珠。这颗珍珠就是/敦煌莫高窟。

在运用停顿技巧时，标点符号可以作为重要的参考，而语法结构是判断一般性停顿的基础，但是对文章内容的理解和情感表达是选择停顿与否和停顿长短的根本。

二、重音

重音指的是朗读中用来增加声音强度的方法，当对某些在感情表达方面起重要作用的字、词或短语要加以强调时可以使用重音。重音可分为语法重音和强调重音。

（一）语法重音

语法重音是指在不表达特殊的感情色彩、没有特别强调的情况下，句子的语法结构决定重音。这些重音无须过分强调，只要比其他的音节读得稍重些即可。通常主谓结构的句子，谓语部分较重；动宾结构中，宾语如果是代词，一般宾语较轻，其他情况下宾语较重；有定语、状语修饰的句子，修饰语较重；表示结果、程度、情态的补语往往也加重。如：

朋友即将远行。

后来，这位叔叔去了海外……

花和人都会遇到各种各样的不幸，但是生命的长河是无止境的。

我爱月夜，但我也爱星天。

它没有婆娑的姿态，没有屈曲盘旋的虬枝……

两个同龄的年轻人同时受雇于一家商店，并且拿同样的薪水。

王友更惊疑了，他眼睛睁得大大的。

人的头盖骨，结合得非常致密与坚固……

此外，疑问代词和指示代词也经常加重；复句中的关联词语，尤其是偏正复句中正句的关联词语往往加重。如：

过了这么多年，藤萝又开花了，而且开得这样盛，这样密……

“谁能把花生的好处说出来？”

这就是白杨树，西北极普通的一种树，然而决不是平凡的树。

没有一个人将小草叫做“大力士”，但是它的力量之大，的确是世界无比。这种力是一般人看不见的生命力。

不管我的梦想能否成为现实，说出来总是好玩的。

（二）强调重音

强调重音又称为“逻辑重音”或“感情重音”，是指为了表示某种特殊的感情，强调句子中的潜在含义，体现语言的目的性而故意将文中的某些字、词和短语处理为重音。试带着不同的重音朗读这个句子“我知道你会唱歌。”

我知道你会唱歌。

我知道你会唱歌。

我知道你会唱歌。

我知道你会唱歌。

我知道你会唱歌。

语句在什么地方该用强调重音并没有固定的规律，而是受说话的环境、内容和感情支配的。强调重音同语法重音有时是一致的，有时则不一样，当两者不一致时，后者要服从前者。如：

我明白了他称自己为素食者的真正原因。

他在胡同里踢，在能找到的任何一片空地上踢。

完全按照托尔斯泰的愿望，他的坟墓成了世间最美的，给人印象最深刻的坟墓。

说也奇怪，和新朋友会谈文学、谈哲学、谈人生道理等等，和老朋友却只话家常，柴米油盐，细细碎碎，种种琐事。

享受幸福是需要学习的，当它即将来临的时刻需要提醒。人可以自然而然地学会感官的享乐，却无法天生地掌握幸福的韵律。

在湾仔，香港最热闹的地方，有一棵榕树，它是最贵的一棵树，不光在香港，在全世界，都是最贵的。

（三）重音的表达方式

很多人理解重音的表达方式就是加大音量、加强语气，也就是“重读”，其实不然。重音表达说话的重点和感情色彩，根据作品内容和感情表达的不同需要可以用多种方式来灵活处理。下面介绍常用的四种表达方式：

1. 增大音量

增大音量一般用于表达明确的观点、态度，描述某些特定的事物。注意重音不宜过重，以免使表达生硬、不自然。如：

为此，达瑞十二岁时就成了畅销书作家，十五岁有了自己的谈话节目，十七岁就拥有了几百万美元。

父亲接下去说：“所以你们要像花生，它虽然不好看，可是很有用，不是外表好看而没有实用的东西。”

2. 延长音节

延长音节是将重音的音节有意拖长。一般用于感叹性、号召性、鼓励性的话语和呼语等，用来启发思考或表达深厚的情意。如：

是的，智力可以受损，但爱永远不会。

那醉人的绿呀！仿佛一张极大极大的荷叶铺着，满是奇异的绿呀。

果然，看着这篇作文，妈妈甜甜地涌出了两行热泪，一把搂住小男孩儿，搂得很紧很紧。

3. 一字一顿

在需要强调的词语中用一字一顿的时间间歇来突出强调，这种表达方式铿锵有力，显得坚定、深沉。如：

欲穷千里目，更上一层楼。

这谜语比课本上的“日历挂在墙上，一天撕去一页，使我心里着急”和“一寸光阴一寸金，寸金难买寸光阴”还让我感到可怕。

4. 重音轻吐

在用正常音高、音量朗读的过程中，对于想要强调的部分采用降低音高、减小音量的方式，虽然是轻轻地低声吐出，但是却稳而有力。一般用于表达深沉、含蓄细腻的感情。如：

海水轻轻地抚摸着细软的沙滩，发出温柔的刷刷声。

就是下小雪吧，济南是受不住大雪的，那些小山太秀气。

一阵台风袭过，一只孤单的小鸟无家可归，落到被卷到洋里的木板上，乘流而下，姗姗而来，近了，近了！

一般来说，一个句子中至少有一个重音，但是一句话中重音也不宜过多，重音越少，所要强调的就越突出；反之，重音过多，就等于没有重点。而且当一个句子中有不止一个重音的时候，也要分清主次，把握作品最想要突出强调的成分。

朗读过程中，重音并非是孤立的，重音的部分往往也伴随着停顿或语调、语速的变化，因此在朗读练习过程中，考生要认真体会它们之间的联系，使表达更富有感染力。

三、语调

语调是指声音在语句中高低升降的变化趋势，其中以结尾的升降变化最为明显。任何句子都带有一定的语调。朗读中的语调要根据作品的语句内容、语气态度而升降变化。朗读或说话时，如果能恰当地处理语调的升降变化，就能细致地表达各种丰富的心理状态或感情变化，借助语调的抑扬顿挫，有声语言才有了动听的腔调，才有了音乐美，也才有了极强的感染力。语调丰富多变，主要有四种：平直调、高升调、降抑调、曲折调。

（一）平直调

平直调是指朗读时语调始终平直舒缓，没有显著的高低升降的变化。一般多用在叙述、说明或表示严肃、庄重、悲痛、冷漠、沉思、悼念等思想感情的句子。如：

读小学的时候，我的外祖母去世了。

那是力争上游的一种树，笔直的干，笔直的枝。

我们在田野散步：我，我的母亲，我的妻子和儿子。

阳光虽然为生命所必需，但是阳光中的紫外线却有扼杀原始生命的危险。

（二）高升调

高升调是指朗读时语调前低后高、语气上扬。一般多用在疑问句、反诘句、短促的命令句，或者表示惊讶、愤怒、紧张、警告、号召的句子。如：

这又怪又丑的石头，原来是天上的啊！

“胡先生，难道说白话文就毫无缺点吗?”

当我们想到这个盲老人，一生中竟连万紫千红的春天都不曾看到，怎能不对他产生同情之心呢?

难道你就只觉得树只是树？难道你就不想到它的朴质，严肃，坚强不屈，至少也象征了北方的农民?

(三) 降抑调

降抑调是指朗读时调子逐渐由高降低，结尾的字读得低而短。一般用在感叹句、祈使句或表示坚决、自信、赞扬、祝愿等感情的句子里。表达沉痛、悲愤的感情，一般也用这种语调。如：

它是树中的伟丈夫！

外祖母永远不会回来了。

但它整个小小的身体因恐怖而战栗着，它小小的声音也变得粗暴嘶哑，它在牺牲自己！

然而，恰恰是这座不留姓名的坟墓，比所有挖空心思用大理石和奢华装饰建造的坟墓更扣人心弦。

(四) 曲折调

曲折调是指朗读时把句子中某些特殊的音节特别加重、增高或拖长，语调由高而低后又高，或由低而高后低，高低升降幅度大，变化多，呈波浪状起伏的一种升降曲折的变化。一般用于表示特殊的感情，如讽刺、讥笑、夸张、强调、双关以及惊讶等。我们日常生活中经常会用到这种语调来表达反语、讽刺等，如“你很好，好得不能再好了！”又如：

“对烦恼，你倒真能看得开。”

爸听了便叫嚷道：“你以为这是什么车？旅游车？”

值得指出的是，语调的应用也不是孤立的，它往往也要结合重音、停顿的技巧，除此之外，还要注意与节奏相结合。结构相同或相似的几个分句连接在一起时，往往需要变化语调、调整节奏，这样可以使朗读抑扬顿挫、重点突出。

没有一片绿叶，没有一缕炊烟，没有一粒泥土，没有一丝花香，只有水的世界，云的海洋。

世界上有预报台风的，有预报蝗灾的，有预报瘟疫的，有预报地震的。没有人预报幸福。

身陷苦难却仍为荷花的盛开欣喜赞叹不已，这是一种趋于澄明的境界，一种旷达洒脱的胸襟，一种面临磨难坦荡从容的气度，一种对生活童子般的热爱和对美好事物无限向往的生命情感。

四、实例分析

下面我们以两篇朗读作品为例，针对前面所讲的内容进行分析，以供考生参考。

（一）作品6号

我常想/读书人是世间幸福人，因为（wèi）他除了拥有现实的世界之外，还拥有另一（yí）个/更为（wéi）浩瀚/也更为丰富的世界。现实的世界是人人都有的，而后一个世界/却为（wéi）读书人所独有。由此我想，那些失去或不能阅读的人/是多么的不（bú）幸，他们的丧（sàng）失是不可补偿的。世间有诸多的不平等，财富的不平等，权力的不平等，而阅读能力的拥有或丧失/却体现为（wéi）精神的不平等。

一（yí）个人的一（yì）生，只能经历/自己拥有的那一（yí）份欣悦，那一（yí）份苦难，也（yé）许再加上/他亲自闻知的那一（yì）些关于自身以外的经历和经验。然而，人们通过阅读，却能进入不同时空的/诸多他人的世界。这样，具有阅读能力的人，无形间获得（huòdé）了/超越有限生命的无限可能性。阅读/不仅使他多识了草木虫鱼之名，而且可以上溯（sù）远（yuán）古/下及未来，饱（bǎo）览存在的与非存在的奇风异俗。

更为重要的是，读书加惠于人们的/不仅是知识的增广，而且还在于精神的感化与陶冶（táoyě）。人们从读书学做人，从那些往哲先贤/以及当代才俊的著述中/学得（xuédé）他们的人格。人们从《论语》中/学得智慧的思考，从《史记》中/学得严肃的历史精神，从《正气歌》中学得人格的刚烈，从马克思/学得人世//的激情，从鲁迅学得批判精神，从列夫·托尔斯泰/学得道德的执着。歌德的诗句刻写着睿智的人生，拜伦的诗句呼唤着奋斗的热情。一个读书人，一个有机会拥有超乎个人生命体验的幸运人。

1. 分析

这篇朗读作品是一篇议论文，开篇点题“读书人是世间幸福人”，然后通过读书的三大益处来论证这一中心论点，第一段提出读书人“除了拥有现实的世界之外，还拥有另一个更为浩瀚也更为丰富的世界”。第二段指出读书人“无形间获得了超越有限生命的无限可能性”。第三段强调“更为重要的是，读书加惠于人们的不仅是知识的增广，而且还在于精神的感化与陶冶”。朗读节选部分时，语速适中，随着论述的逐层推进，语调由平缓而渐趋激昂。

2. 要点

（1）字音：

“为”、“一”、“不”的不同读音；前后鼻音“平等”、“精神”、“经验”等；上声连读变调“也许”、“远古”、“饱览”。

（2）重点语句：

世间有诸多的不平等，财富的不平等，权力的不平等，而阅读能力的拥有或丧失/却体现为精神的不平等。

这一句语调由平直调低起，逐渐升调，至“阅读能力的拥有或丧失”再转向沉稳的降调。最后一个分句主语较长，应在其后稍加停顿，“精神”与“财富”、“权力”形成对比，应重读。

人们从《论语》中/学得智慧的思考，从《史记》中/学得严肃的历史精神，从《正气歌》中学得人格的刚烈，从马克思/学得人世的激情，从鲁迅学得批判精神，从列夫·托尔斯泰/学得道德的执着。

这一句由6个结构相同的分句构成，朗读时在关注语调的同时也要把握好节奏。本句先从平直调起，逐次升调，但是在升调的过程中，节奏不同，在第三个分句处语速加紧，第四个分句“马克思”后稍稍停顿，第五个分句语速加紧，第六个分句的“托尔斯泰”后稍稍停顿再微转降调。

（二）作品19号

三百多年前，建筑设计师莱伊恩（Láiyīēn）/受命设计了英国温泽（Wēnzé）市政府大厅。他运用工程力学的知识（zhīshi），依据自己多年的实践，巧妙地设计了/只用一（yì）根柱子支撑（zhīchēng）的大厅天花板。一（yì）年以后，市政府权威人士进行工程验收时，却说/只用一根柱子支撑天花板太危险，要求莱伊恩再多加几根柱子。

莱伊恩自信/只要一根坚固的柱子足以保证大厅安全，他的“固执（gùzhi）”惹恼（rénǎo）了市政官员，险些被送上法庭。他非常苦恼（kúnǎo），坚持自己原先的主张吧，市政官员/肯定会另找人修改设计；不坚持吧，又有悖（bèi）/自己为人（wéirén）的准则。矛盾了很长一（yí）段时间，莱伊恩终于想出了一条妙计，他在大厅里/增加了四根柱子，不过这些柱子/并未与天花板接触，只不过是装装（zhuāngzhuang）样子（yàngzi）。

三百多年过去了，这个秘密（mìmì）始终没有被人发现。直到前两年，市政府准备修缮（xiūshàn）大厅的天花板，才发现/莱伊恩当年的“弄虚作假”。消息（xiāoxi）传出后，世界各国的建筑专家和游客云集，当地政府对此也不加掩饰（yǎnshì），在新世纪到来之际，特意将大厅/作为一个旅游景点对外开放，旨在引导人们/崇尚（chóngshàng）和相信科学。

作为一名建筑师，莱伊恩并不是最出色的。但作为一个人，他无疑非常伟大，这种//伟大/表现在他始终恪守着自己的原则，给高贵的心灵一个美丽的住所：哪怕是遭遇到最大的阻力，也要想办法抵达胜利。

1. 分析

这篇朗读作品是一篇记叙文，讲述的是建筑设计师莱伊恩的故事，莱伊恩在自己的设计遭受到巨大阻力时选择坚持自己的原则，利用妙计解决了两难的困境，三百年后，真相被世人发现，莱伊恩也得到了世人的尊重和崇尚。作品通过讲述这样一个故事，启示读者“哪怕是遭遇到最大的阻力，也要想办法抵达胜利”。朗读节选部分时，应以讲故事的口吻叙述，语速适中，语调平缓，到结尾部分可稍微上扬，以配合对莱伊恩的赞美之情。

2. 要点

（1）字音：

轻声词有“知识”、“固执”、“装装”、“样子”、“消息”；上声连读变调词有“苦恼”、“景点”；平翘舌音词有“温泽市”、“支撑”、“始终”、“出色”等。

（2）重点语句：

他非常苦恼，坚持自己原先的主张吧，市政官员/肯定会另找人修改设计；不坚持吧，又有悖/自己为人的准则。

这个句子表达的是莱伊恩面对两难处境时的心理。“坚持自己原先的主张吧”与“不坚持吧”分别提出两种假设，两处形成对比，“坚持”、“不坚持”应重读，两个分句语调上扬，而假设后的情况说明则使用降调。

作为一名建筑师，莱伊恩并不是最出色的。但作为一个人，他无疑非常伟大，这种//伟大/表现在他始终恪守着自己的原则，给高贵的心灵一个美丽的住所：哪怕是遭遇到最大的阻力，也要想办法抵达胜利。

这一段是文章的结尾，是叙述之后的升华，表达了对莱伊恩的赞美，同时也点明了“坚持”的道理。这一段语调与前面的叙述稍有不同，开始由低稍微转高。但朗读者应避免过于夸张的高昂语调，以免使朗读显得生硬、不自然。

第三节　朗读篇目60篇

作品1号

那是力争上游的一（yì）种树，笔直的干（gàn），笔直的枝。它的干呢，通常是丈把高，像是加以人工似的（shìde），一（yí）丈以内，绝无旁枝；它所有的丫枝（yāzhī）呢，一（yí）律向上，而且紧（jǐn）紧靠拢，也像是加以人工似的，成为一（yí）束，绝无横斜逸出；它的宽大的叶子也是片片向上，几（jī）乎没有斜生的，更不用说倒垂了；它的皮，光滑而有银色的晕（yùn）圈，微微泛出淡青色。这是虽在北方的风雪的压迫下却保持着倔强（juéjiàng）挺立的一种树！哪怕只有碗来粗细罢，它却努力向上发展，高到丈许，两丈，参天耸立，不折不挠（bùzhé－bùnáo），对抗着西北风。

这就是白杨树，西北极普通的一种树，然而决不（bú）是平凡的树！

它没有婆娑（pósuō）的姿态，没有屈曲（qū）盘旋的虬（qiú）枝，也许你要说它不美丽，——如果美是专指“婆娑”或“横斜逸出”之类而言，那么，白杨树算不得树中的好女子；但是它却伟岸，正直，朴质，严肃，也不缺乏温和，更不（bú）用提它的坚强不屈与挺拔，它是树中的伟丈夫（fu）！当你在积雪初融的高原上走过，看见平坦的大地上傲然挺立这么一（yì）株或一（yì）排白杨树，难道你就只觉得树只是树？难道你就不想到它的朴质，严肃，坚强不屈，至少也象征了北方的农民？难道你竟一点儿（yìdiǎnr）也不联想到，在敌后的广大土//地上，到处有坚强不屈，就像这白杨树一样傲然挺立的守卫他们家乡的哨兵？难道你又不更远一点想到这样枝枝叶叶靠紧团结，力求上进的白杨树，宛然象征了今天在华北平原纵横决荡用血写出新中国历史的那种精神和意志？

节选自茅盾《白杨礼赞》

作品 2 号

两个同龄的年轻人同时受雇于一（yì）家店铺，并且拿同样的薪水。

可是一（yí）段时间后，叫阿诺德（ānuòdé）的那个小伙子青云直上，而那个叫布鲁诺（bùlǔnuò）的小伙子却仍（réng）在原地踏（tà）步。布鲁诺很不满意老（lǎo）板的不公正待遇。终于有一天他到老板那儿（nàr）发牢骚了。老板一（yì）边耐心地听着他的抱怨，一（yì）边在心里盘算（suàn）着怎样向他解释清楚（chu）他和阿诺德之间的差别。

“布鲁诺先生，”老板开口说话了，“您现在到集市上去一下，看看今天早上（shang）有什么卖的。”

布鲁诺从集市上回来向老板汇报说，今早集市上只有（zhíyǒu）一个农民拉了一（yì）车土豆在卖。

“有多少？”老板问。

布鲁诺赶快戴上帽子又跑到集市上，然后回来告诉老板一（yí）共四十袋土豆。

“价格是多少？”

布鲁诺又第三次跑到集市上问来了价格。

“好吧，”老板对他说，“现在请您坐到这把椅子上一（yí）句话也不（bú）要说，看看阿诺德怎么说。”

阿诺德很快就从集市上回来了。向老板汇报说到现在为止只有一个农民在卖土豆，一共四十口袋，价格是多少多少；土豆质量很不（bú）错，他带回来一个让老板看看（kànkan）。这个农民一个钟头以后还会弄来几箱西红柿，据他看价格非常公道（gōngdao）。昨天他们铺子的西红柿卖得很快，库存已经不//多了。他想这么便宜的西红柿，老板肯定会要进一些的，所以他不仅带回了一个西红柿做样品，而且把那个农民也带来了，他现在正在外面等回话呢。

此时老板转向了布鲁诺，说：“现在您肯定知道为什么阿诺德的薪水比您高了吧？”

节选自张健鹏、胡足青主编《故事时代》中的《差别》

作品 3 号

我常常遗憾我家门前那块丑石：它黑黝黝（hēiyǒuyǒu）地卧在那里，牛似的（shìde）模样（múyàng）；谁也不知道是什么时候留在这里的，谁也不（bú）去理会它。只是麦收时节，门前摊了麦子，奶奶总是说：这块丑石，多占地面呀，抽空把它搬走吧。

它不（bú）像汉白玉那样的细腻，可（ké）以刻字雕花，也不（bú）像大青石那样的光滑，可（ké）以供（gōng）来浣（huàn）纱捶布。它静静地卧在那里，院边的槐荫（huáiyīn）没有庇覆（bìfù）它，花儿（huā'ér）也不（bú）再在它身边生长。荒草便繁衍（fányǎn）出来，枝蔓（zhīmàn）上下，慢慢地，它竟锈上了绿苔、黑斑。我们这些做孩子的，也讨厌起它来，曾合伙要搬走它，但力气又不足；虽时时咒（zhòu）骂它，嫌弃它，也无可奈何，只好任它留在那里了。

终有一（yí）日，村子里来了一（yí）个天文学家。他在我家门前路过，突然发现了这块石头（shítou），眼光立即就拉直了。他再没有离开，就住了下来；以后又来了好些人，都说这是一（yí）块陨（yǔn）石，从天上落下来已经有二三百年了，是一（yí）件了不起的东西。不久便来了车，小心翼翼地将它运走了。

这使我们都很惊奇。这又怪又丑的石头，原来是天上的啊（ya）！它补过（guo）天，在天上发过（guo）热、闪过（guo）光，我们的先祖或许仰望过（guo）它，它给了他们光明、向往、憧憬（chōngjǐng）；而它落下来了，在污土里，荒草里，一（yì）躺就//是几百年了！

我感到自己的无知，也感到了丑石的伟大，我甚至怨恨它这么多年竟会默默地忍受着这一切！而我又立即深深地感到它那种不屈于误解、寂寞的生存的伟大。

节选自贾平凹《丑石》

作品 4 号

在达瑞（dáruì）八岁的时候（shíhou），有一（yì）天他想去看电影。因为没有钱，他想是向爸妈要钱，还是自己挣（zhèng）钱。最后他选择了后者。

他自己调制了一（yì）种汽水，向过路的行人出售。可那时正是寒冷的冬天，没有人买，只有两个人例外——他的爸爸和妈妈。

他偶然有一（yí）个和非常成功的商人谈话的机会。当他对商人讲述了自己的“破产史”后，商人给了他两个重要的建议：一（yī）是尝试为别人解决一（yí）个难题；二是把精力集中在你知道的、你会的和你拥有的东西（xi）上。

这两个建议很关键。因为对于一个八岁的孩子而言，他不（bú）会做的事情（qing）很多。于是他穿过（guo）大街小巷，不停地思考：人们会有什么难题，他又如何利用这个机会？

一天，吃早饭时父亲让达瑞去取报纸。美国的送报员总是把报纸从花园篱笆（ba）的一个特制的管子里塞（sāi）进来。假如你想穿着睡衣舒舒服服（shūshu－fūfu）地吃早饭和看报纸，就必须离开温暖的房间，冒着寒风，到花园去取。虽然路短，但十分麻烦（fan）。

当达瑞为父亲取报纸的时候，一个主意（zhǔyi）诞生了。当（dàng）天他就按响邻居的门铃，对他们说，每个月只需付给他一（yì）美元，他就每天早上把报纸塞到他们的房门底下。大多数人都同意了，很快他有//了七十多个顾客。一个月后，当他拿到自己赚的钱时，觉得自己简直是飞上了天。

很快他又有了新的机会，他让他的顾客每天把垃圾袋放在门前，然后由他早上运到垃圾桶里，每个月加一美元。之后他还想出了许多孩子赚钱的办法，并把它集结成书，书名为《儿童挣钱的二百五十个主意》。为此，达瑞十二岁时就成了畅销书作家，十五岁有了自己的谈话节目，十七岁就拥有了几百万美元。

节选自［德］博多·舍费尔《达瑞的故事》，刘志明译

作品5号

这是入冬以来，胶东半岛上第一（yī）场雪。

雪纷纷扬扬，下得很大。开始还伴着一阵儿（yízhènr）小雨，不久就只见大片大片的雪花，从彤（tóng）云密布的天空中飘落下来。地面上一会儿（yíhuìr）就白了。冬天的山村，到了夜里就万籁俱寂（wànlài－jùjì），只听得

雪花簌簌（sùsù）地不（bú）断往下落，树木的枯枝被雪压断了，偶尔（óuěr）咯吱（gēzhī）一声响。

大雪整（zhéng）整下了一（yí）夜。今天早晨，天放晴了，太阳出来了。推开门一（yí）看，嗬！好大的雪啊（ya）！山川、河流、树木、房屋，全都罩上了一（yì）层厚厚的雪，万里江山，变成了粉妆玉砌（qì）的世界。落光了叶子的柳树上挂满了毛茸茸、亮晶晶的银条儿（tiáor）；而那些冬夏常青的松树和柏树上，则挂满了蓬松松、沉甸甸（chéndiāndian）的雪球儿（qiúr）。一阵风吹来，树枝轻轻地摇晃，美丽的银条儿和雪球儿簌簌地落下来，玉屑似的（shìde）雪末儿（mòr）随风飘扬，映着清晨的阳光，显出一（yí）道道五光十色的彩虹。

大街上的积雪足有一（yì）尺多深，人踩上去，脚底下发出咯吱咯吱的响声。一（yì）群群孩子在雪地里堆雪人，掷（zhì）雪球儿。那欢乐的叫喊声，把树枝上的雪都震落下来了。

俗话说，"瑞（ruì）雪兆丰年"。这个话有充分的科学根据，并不是一（yí）句迷信的成语。寒冬大雪，可以冻死一（yí）部分越冬的害虫；融化了的水渗进土层深处，又能供应（gōngyìng）//庄稼生长的需要。我相信这一场十分及时的大雪，一定会促进明年春季作物，尤其是小麦的丰收。有经验的老农把雪比做是"麦子的棉被"。冬天"棉被"盖得越厚，明春麦子就长得越好，所以又有这样一句谚语："冬天麦盖三层被，来年枕着馒头睡。"

我想，这就是人们为什么把及时的大雪称为"瑞雪"的道理吧。

节选自峻青《第一场雪》

作品6号

我常想读书人是世间幸福人，因为（wèi）他除了拥有现实的世界之外，还拥有另一（yí）个更为（wéi）浩瀚也更为丰富的世界。现实的世界是人人都有的，而后一个世界却为（wéi）读书人所独有。由此我想，那些失去或不能阅读的人是多么的不（bú）幸，他们的丧（sàng）失是不可补偿的。世间有诸多的不平等，财富的不平等，权力的不平等，而阅读能力的拥有或丧失却体现为（wéi）精神的不平等。

一（yí）个人的一（yì）生，只能经历自己拥有的那一（yí）份欣悦，那一（yí）份苦难，也（yé）许再加上他亲自闻知的那一（yì）些关于自身以外的经历和经验。然而，人们通过阅读，却能进入不同时空的诸多他人的世界。这样，具有阅读能力的人，无形间获得（huòdé）了超越有限生命的无限可能性。阅读不仅使他多识了草木虫鱼之名，而且可以上溯（sù）远（yuán）古下及未来，饱（bǎo）览存在的与非存在的奇风异俗。

更为重要的是，读书加惠于人们的不仅是知识的增广，而且还在于精神的感化与陶冶（táoyě）。人们从读书学做人，从那些往哲先贤以及当代才俊的著述中学得（xuédé）他们的人格。人们从《论语》中学得智慧的思考，从《史记》中学得严肃的历史精神，从《正气歌》中学得人格的刚烈，从马克思学得人世//的激情，从鲁迅学得批判精神，从列夫·托尔斯泰学得道德的执着。歌德的诗句刻写着睿智的人生，拜伦的诗句呼唤着奋斗的热情。一个读书人，一个有机会拥有超乎个人生命体验的幸运人。

节选自谢冕《读书人是幸福人》

作品7号

一（yì）天，爸爸下班回到家已经很晚了，他很累也有点儿（yǒudiǎnr）烦，他发现五岁的儿子（érzi）靠在门旁正等着他。

“爸，我可以问您一（yí）个问题吗？”

“什么（shénme）问题？”“爸，您一（yì）小时可以赚多少钱？”“这与（yú）你无关，你为什么问这个问题？”父亲生气地说。

“我只是想知道，请告诉我，您一小时赚多少钱？”小孩儿（xiǎoháir）哀求道。“假如你一（yí）定要知道的话，我一小时赚二十美金。”

“哦，”小孩子（xiǎoháizi）低下了头，接着又说，“爸，可以借我十美金吗？”父亲发怒了：“如果你只是要借钱去买毫无意义的玩具的话，给我回到你的房间睡觉去。好好（hǎohāo）想想（xiǎngxiang）为什么你会那么自私。我每天辛苦工作，没时间和你玩儿（wánr）小孩子的游戏。”

小孩儿默默地回到自己的房间关上门。

父亲坐下来还在生气。后来，他平静（píngjìng）下来了。心想他可能对孩子太凶了——或许孩子真的很想买什么东西，再说他平时很少要过钱。

父亲走进孩子的房间：“你睡了吗？”“爸，还没有，我还醒着（xǐngzhe）。”孩子回答。

“我刚才可能对你太凶了，”父亲说，“我不应该发那么大的火儿（huǒr）——这是你要的十美金。”“爸，谢谢您。”孩子高兴地从枕头（zhěntou）下拿出一些被弄皱的钞票，慢慢地数着。

“为什么你已经有钱了还要？”父亲不解地问。

“因为原来不够，但现在凑够了。”孩子回答，“爸，我现在有//二十美金了，我可以向您买一个小时的时间吗？明天请早一点儿回家——我想和您一起吃晚餐。”

节选自唐继柳编译《二十美金的价值》

作品8号

我爱月夜，但我也爱星天。从前在家乡七八月的夜晚在庭院里纳凉的时候，我最爱看天上密密麻麻的繁星（fánxīng）。望着星天，我就会忘记一切，仿佛（fǎngfú）回到了母亲的怀里似的（shìde）。

三年前在南京我住的地方（fang）有一（yí）道后门，每晚我打开后门，便看见一（yí）个静寂的夜。下面是一（yí）片菜园，上面是星群密布的蓝天。星光在我们的肉眼里虽然微小，然而它使我们觉得光明无处不在。那时候我正在读一（yì）些天文学的书，也认得（de）一些星星，好像它们就是我的朋友（you），它们常常在和我谈话一样。

如今在海上，每晚和繁星相对，我把它们认得很熟（shú）了。我躺在舱面上，仰望天空。深蓝色的天空里悬着无数半明半昧（mèi）的星。船在动，星也在动，它们是这样低，真是摇摇欲坠呢！渐渐地我的眼睛模糊（móhu）了，我好像看见无数萤火虫在我的周围飞舞。海上的夜是柔和（róuhé）的，是静寂的，是梦幻的。我望着许多认识（shi）的星，我仿佛看见它们在对我眨眼，我仿佛听见它们在小声说话。这时我忘记了一切。在星的怀抱中我微笑着，我沉睡着。我觉得自己是一个小孩子，现在睡在母亲的怀里了。

有一夜，那个在哥伦波（gēlúnbō）上船的英国人指给我看天上的巨人。

他用手指着：//那四颗明亮的星是头，下面的几颗是身子，这几颗是手，那几颗是腿和脚，还有三颗星算是腰带。经他这一番指点，我果然看清楚了那个天上的巨人。看，那个巨人还在跑呢！

节选自巴金《繁星》

作品9号

假（jià）日到河滩上转转（zhuànzhuan），看见许多孩子在放风筝（fēngzheng）。一（yì）根根长长的引线，一（yì）头系（jì）在天上，一头系在地上，孩子同风筝都在天与地之间悠荡，连心也被悠荡得恍恍惚惚（huǎnghuāng－hūhū）了，好像又回到了童年。

儿时放的风筝，大多是自己的长辈或家人编扎（biānzā）的，几根削（xiāo）得很薄（báo）的篾，用细纱线扎成各种鸟兽的造型，糊上雪白的纸片，再用彩笔勾勒出面孔与翅膀的图案。通常扎（zā）得最多的是“老雕”、“美人儿（rénr）”、“花蝴蝶”等。

我们家前院就有位叔叔（shūshu），擅扎风筝，远近闻名。他扎的风筝不只体形好看，色彩艳丽，放飞得高远，还在风筝上绷一（yí）叶用蒲苇削成的膜片，经风一（yì）吹，发出“嗡嗡”的声响，仿佛是风筝的歌唱，在蓝天下播扬，给开阔的天地增添了无尽的韵味，给驰荡的童心带来几分疯狂。

我们那条胡同（hútòng）的左邻右舍的孩子们放的风筝几乎都是叔叔编扎的。他的风筝不（bú）卖钱，谁上门去要，就给谁，他乐意自己贴钱买材料。

后来，这位叔叔去了海外，放风筝也渐与孩子们远离了。不过年年叔叔给家乡写信，总不忘提起儿时的放风筝。香港回归之后，他在家信中说到，他这只被故乡放飞到海外的风筝，尽管飘荡游弋（yóuyì），经沐（mù）风雨，可那线头儿（xiàntóur）一直在故乡和//亲人手中牵着，如今飘得太累了，也该要回归到家乡和亲人身边来了。

是的。我想，不光是叔叔，我们每个人都是风筝，在妈妈手中牵着，从小放到大，再从家乡放到祖国最需要的地方去啊！

节选自李恒瑞《风筝畅想曲》

作品10号

爸不懂得（de）怎样表达爱，使我们一家人融洽（qià）相处（chǔ）的是我妈。他只是每天上班下班，而妈则把我们做过的错事开列清单，然后由他来责骂我们。

有一（yí）次我偷了一（yí）块糖果，他要我把它送回去，告诉（su）卖糖的说是我偷来的，说我愿意替他拆箱卸货作为（wéi）赔偿。但妈妈却明白（bai）我只是个孩子（zi）。

我在运动场打秋千跌断了腿，在前往医院途中一直抱着我的，是我妈。爸把汽车停在急诊室门口，他们叫他驶开，说那空（kòng）位是留给紧急车辆停放的。爸听了便叫嚷道："你以为这是什么（shénme）车？旅游车？"

在我生日会上，爸总是显得有些不（bú）大相称（chèn）。他只是忙于吹气球，布置餐桌，做杂务。把插着蜡烛的蛋糕推过来让我吹的，是我妈。

我翻阅照相册时，人们总是问："你爸爸是什么样子的？"天晓得！他老是忙着替别人拍照。妈和我笑容可掬（jū）地一起拍的照片，多得不可胜数。

我记得妈有一次叫他教我骑自行车。我叫他别放手，但他却说是应该放手的时候（hou）了。我摔倒之后，妈跑过来扶我，爸却挥手要她走开。我当时生气极了，决心要给他点儿（diǎnr）颜色看。于是我马上爬上自行车，而且自己骑给他看。他只是微笑。

我念大学时，所有的家信都是妈写的。他//除了寄支票外，还寄过一封短柬给我，说因为我不在草坪上踢足球了，所以他的草坪长得很美。

每次我打电话回家，他似乎都想跟我说话，但结果总是说："我叫你妈来接。"

我结婚时，掉眼泪的是我妈。他只是大声擤（xǐng）了一下鼻子，便走出房间。

我从小到大都听他说："你到哪里去？什么时候回家？汽车有没有汽油？不，不准去。"爸完全不知道怎样表达爱。除非……

会不会是他已经表达了，而我却未能察觉？

节选自［美］艾尔玛·邦贝克《父亲的爱》

作品 11 号

一（yí）个大问题一（yì）直盘踞在我脑袋（dai）里：

世界杯怎么（zěnme）会有如此巨大的吸引力？除去足球本身的魅力之外，还有什么超乎其上而更伟大的东西（xi）？

近来观看世界杯，忽然从中得到了答案：是由于一种无上崇高的精神情感——国家荣誉感！

地球上的人都会有国家的概念，但未必时时都有国家的感情。往往人到异国，思念家乡，心怀故国，这国家概念就变得有血（xiě）有肉，爱国之情来得非常具体。而现代社会，科技昌达，信息快捷，事事上网，世界真是太小太小，国家的界限似乎（sìhū）也不那么清晰了。再说足球正在快速世界化，平日里各国球员频繁转会，往来随意，致使越来越多的国家联赛都具有国际的因素。球员们不论国籍，只效力于自己的俱乐部，他们比赛时的激情中完全没有爱国主义的因子（yīnzǐ）。

然而，到了世界杯大赛，天下大变。各国球员都回国效力，穿上与光荣的国旗同样色彩的服装。在每一（yì）场比赛前，还高唱国歌以宣誓对自己祖国的挚（zhì）爱与忠诚。一（yì）种血缘（xuèyuán）情感开始在全身的血管（xuèguǎn）里燃烧起来，而且立刻热血（rèxuè）沸腾。

在历史时代，国家间经常发生对抗，好男儿（nán'ér）戎装（róngzhuāng）卫国。国家的荣誉往往需要以自己的生命去//换取。但在和平时代，唯有这种国家之间大规模对抗性的大赛，才可以唤起那种遥远而神圣的情感，那就是：为祖国而战！

节选自冯骥才《国家荣誉感》

作品 12 号

夕阳落山不久，西方的天空，还燃烧着一（yí）片橘红色的晚霞。大海，也被这霞光染成了红色，而且比天空的景色更要壮观。因为它是活动的，每当一（yì）排排波浪涌起的时候（hou），那映照在浪峰上的霞光，又红又亮，简直就像一片片霍霍燃烧着的火焰，闪烁着，消失了。而后面的一排，又闪烁着，滚动着，涌了过来。

天空的霞光渐渐地淡下去了，深红的颜色变成了绯红（fēihóng），绯红又变为浅红。最后，当这一（yí）切红光都消失了的时候，那突然显得高而远了的天空，则呈现出一片肃穆的神色。最早出现的启明星，在这蓝色的天幕上闪烁起来了。它是那么大，那么亮，整个广漠的天幕上只有它在那里放射着令人注目的光辉，活像一盏悬挂在高空的明灯。

夜色加浓，苍空中的“明灯”越来越多了。而城市各处的真的灯火也次第亮了起来，尤其是围绕在海港周围山坡上的那一片灯光，从半空倒（dào）映在乌蓝的海面上，随着波浪，晃动着，闪烁着，像一串流动着的珍珠，和那一片片密布在苍穹（cāngqióng）里的星斗（dǒu）互相辉映，煞（shà）是好看。

在这幽美的夜色中，我踏着软绵绵的沙滩，沿着海边，慢慢地向前走去。海水，轻轻地抚摸着细软的沙滩，发出温柔的//刷刷声。晚来的海风，清新而又凉爽。我的心里，有着说不出的兴奋和愉快。

夜风轻飘飘地吹拂着，空气中飘荡着一种大海和田禾相混合的香味儿，柔软的沙滩上还残留着白天太阳炙晒的余温。那些在各个工作岗位上劳动了一天的人们，三三两两地来到这软绵绵的沙滩上，他们浴着凉爽的海风，望着那缀满了星星的夜空，尽情地说笑，尽情地休憩。

节选自峻青《海滨仲夏夜》

作品13号

生命在海洋里诞生绝不是偶然（ǒurán）的，海洋的物理和化学性质，使它成为孕育（yùnyù）原始生命的摇篮。

我们知道，水是生物的重要组成部分，许多动物组织的含水量在百分之八十以上，而一（yì）些海洋生物的含水量高达百分之九十五。水是新陈代谢的重要媒介，没有它，体内的一（yí）系列生理和生物化学反应就无法进行，生命也就停止。因此，在短时期内动物缺水要比缺少食物更加危险。水对今天的生命是如此重要，它对脆弱的原始生命，更是举足轻重（jǔzú－qīngzhòng）了。生命在海洋里诞生，就不会有缺水之忧。

水是一（yì）种良好的溶剂。海洋中含有许多生命所必需的无机盐，如氯

(lǜ) 化钠、氯化钾、碳酸盐、磷酸盐，还有溶解氧，原始生命可以毫不费力地从中吸取它所需要的元素。

水具有很高的热容量，加之海洋浩大，任凭夏季烈日曝晒（pùshài），冬季寒风扫荡，它的温度变化却比较小。因此，巨大的海洋就像是天然的“温箱”，是孕育原始生命的温床。

阳光虽然为（wéi）生命所必需，但是阳光中的紫外线却有扼杀（èshā）原始生命的危险。水能有效地吸收紫外线，因而又为原始生命提供了天然的“屏障”（píngzhàng）。

这一切都是原始生命得以产生和发展的必要条件。//

节选自童裳亮《海洋与生命》

作品14号

读小学的时候（hou），我的外祖母去世了。外祖母生前最疼爱（téng'ài）我，我无法排除自己的忧伤，每天在学校的操场上一圈儿（yìquānr）又一圈儿地跑着，跑得累倒在地上，扑在草坪上痛哭。

那哀痛的日子（zi），断断续续地持续了很久，爸爸妈妈也不知道如何安慰我。他们知道与其（yǔqí）骗我说外祖母睡着（zháo）了，还不如对我说实话：外祖母永远不会回来了。

“什么（shénme）是永远不会回来呢？”我问着。

“所有时间里的事物，都永远不会回来。你的昨天过去，它就永远变成昨天，你不能再回到昨天。爸爸以前也和你一（yí）样小，现在也不能回到你这么（zhème）小的童年了；有一天你会长大，你会像外祖母一样老；有一天你度过了你的时间，就永远不会回来了。”爸爸说。

爸爸等于给我一个谜语，这谜语比课本上的“日历挂在墙壁，一天撕去一页，使我心里着急（zháojí）”和“一（yí）寸光阴一（yí）寸金，寸金难买寸光阴”还让我感到可怕；也比作文本上的“光阴似箭，日月如梭（suō）”更让我觉得有一种说不（bu）出的滋味。

时间过得那么飞快，使我的小心眼儿（xīnyǎnr）里不只是着急，还有悲伤。有一天我放学回家，看到太阳快落山了，就下决心说：“我要比太阳更快地回家。”我狂奔回去，站在庭院前喘气的时候，看到太阳//还露着半边脸，我高兴地跳跃起来，那一天我跑赢了太阳。以后我就时常做那样的游戏，有时和太阳赛跑，有时和西北风比快，有时一个暑假才能做完的作业，我十天就做完了；那时我三年级，常常把哥哥五年级的作业拿来做。每一次比赛胜过时间，我就快乐得不知道怎么形容。

如果将来我有什么要教给我的孩子，我会告诉他：假若你一直和时间比赛，你就可以成功！

节选自（台湾）林清玄《和时间赛跑》

作品 15 号

三十年代初，胡适在北京大学任教授。讲课时他常常对白话文大加称赞（chēngzàn），引起一些只喜欢文言文而不喜欢白话文的学生（sheng）的不满。

一次，胡适正讲得得意的时候（hou），一位姓魏的学生突然站了起来，生气地问："胡先生，难道说白话文就毫无缺点吗？"胡适微笑着回答说："没有。"那位学生更加激动了："肯定有！白话文废话太多，打电报用字多，花钱多。"胡适的目光顿时变亮了。轻声地解释说："不一定吧！前几天有位朋友（you）给我打来电报，请我去政府部门工作，我决定不去，就回电拒绝了。复电是用白话写的，看来也很省字。请同学们根据我这个意思（si），用文言文写一个回电，看看究竟是白话文省字，还是文言文省字？"胡教授刚说完，同学们立刻认真地写了起来。

十五分钟过去，胡适让同学举手，报告用字的数目，然后挑了一份用字最少的文言电报稿，电文是这样写的：

"才疏（shū）学浅，恐难胜任，不堪从命。"白话文的意思是：学问不深，恐怕很难担任这个工作，不能服从安排。

胡适说，这份写得确实不错，仅用了十二个字。但我的白话电报却只用了五个字：

"干不（bu）了，谢谢！"

胡适又解释说："干不（bu）了"就有才疏学浅、恐难胜任的意思；"谢谢"既//对朋友的介绍表示感谢，又有拒绝的意思。所以，废话多不多，并不看它是文言文还是白话文，只要注意选用字词，白话文是可以比文言文更省字的。

节选自陈灼主编《实用汉语中级教程》中的《胡适的白话电报》

作品 16 号

很久以前，在一个漆黑的秋天的夜晚，我泛舟在西伯利亚一条阴森森的河上。船到一个转弯处，只见前面黑黢黢（hēiqūqū）的山峰下面一星火光蓦地（mòdì）一闪。

火光又明又亮，好像就在眼前……

“好啦，谢天谢地！”我高兴地说，“马上就到过夜的地方（fang）啦！”

船夫扭头朝身后的火光望了一眼，又不以为然地划起桨来。

“远着呢！”

我不相信他的话，因为火光冲破朦胧（ménglóng）的夜色，明明在那儿（nàr）闪烁（shǎnshuò）。不过船夫是对的，事实上，火光的确（díquè）还远着呢。

这些黑夜的火光的特点是：驱散黑暗，闪闪发亮，近在眼前，令人神往。乍（zhà）一看，再划几下就到了……其实却还远着呢！……

我们在漆黑如墨的河上又划了很久。一个个峡谷和悬崖，迎面驶来，又向后移去，仿佛消失在茫茫的远方，而火光却依然停在前头（tou），闪闪发亮，令人神往——依然是这么（zhème）近，又依然是那么（nàme）远……

现在，无论是这条被悬崖峭壁的阴影笼罩的漆黑的河流，还是那一星明亮的火光，都经常浮现在我的脑际，在这以前和在这以后，曾有许多火光，似乎（sìhū）近在咫尺（zhíchǐ），不止使我一人心驰神往。可是生活之河却仍然在那阴森森的两岸之间流着，而火光也依旧非常遥远。因此，必须加劲划桨……

然而，火光啊（nga）……毕竟……毕竟就//在前头！

选自［俄］柯罗连科《火光》，张铁夫译

作品 17 号

对于一个在北平住惯的人，像我，冬天要是不刮风，便觉得（juéde）是奇迹；济南的冬天是没有风声的。对于一个刚由伦敦回来的人，像我，冬天要能看得见日光，便觉得是怪事；济南的冬天是响晴的。自然，在热带的地方（fang），日光永远是那么（nàme）毒，响亮的天气，反有点儿（diǎnr）叫人害怕。可是，在北方的冬天，而能有温晴的天气，济南真得（děi）算个宝地。

设若单单是有阳光，那也算不了（liǎo）出奇。请闭上眼睛想：一个老城，有山有水，全在天底下晒着阳光，暖和（nuǎnhuo）安适地睡着，只等春风来把它们唤醒，这是不是理想的境界？小山整把济南围了个圈儿（quānr），只有北边缺着点口儿（kǒur）。这一圈小山在冬天特别可爱，好像是把济南放在一个小摇篮里，它们安静不动地低声地说："你们放心吧，这儿（zhèr）准保暖和。"真的，济南的人们在冬天是面上含笑的。他们一看那些小山，心中便觉得有了着落（zhuóluò），有了依靠。他们由天上看到山上，便不知不觉地想起：明天也许就是春天了吧？这样的温暖，今天夜里山草也许就绿起来了吧？就是这点儿幻想不能一时实现，他们也并不着急（zháojí），因为这样慈善的冬天，干什么还希望别的呢！

最妙的是下点儿小雪呀。看吧，山上的矮松越发的青黑，树尖儿（jiānr）上顶//着一髻儿（yíjìr）白花，好像日本看护妇。山尖儿全白了，给蓝天镶上一道银边。山坡上，有的地方雪厚点儿，有的地方草色还露着；这样，一道儿白，一道儿暗黄，给山们穿上一件带水纹儿的花衣；看着看着，这件花衣好像被风儿吹动，叫你希望看见一点儿更美的山的肌肤。等到快日落的时候，微黄的阳光斜射在山腰上，那点儿薄雪好像忽然害羞，微微露出点儿粉色。就是下小雪吧，济南是受不住大雪的，那些小山太秀气。

节选自老舍《济南的冬天》

作品 18 号

纯朴的家乡村边有一条河，曲曲弯弯（qūqū－wānwān），河中架一弯石桥，弓样的小桥横跨两岸。

每天，不管是鸡鸣晓月，日丽中天，还是月华泻（xiè）地，小桥都印下串串（chuànchuàn）足迹，洒落串串汗珠。那是乡亲为了追求多棱（léng）的希望，兑现美好的遐想（xiáxiǎng）。弯弯小桥，不时荡过（guo）轻吟低唱，不时露（lòu）出舒心的笑容。

因而，我稚小的心灵，曾将心声献给小桥：你是一弯银色的新月，给人间普照光辉；你是一把闪亮的镰刀，割刈（yì）着欢笑的花果；你是一根晃悠悠的扁担（biǎndan），挑起（tiāoqǐ）了彩色的明天！哦，小桥走进我的梦中。

我在漂泊他乡的岁月，心中总涌动着故乡的河水，梦中总看到弓样的小桥。当我访南疆探北国，眼帘闯进座座雄伟的长桥时，我的梦变得丰满了，增添了赤橙黄绿青蓝紫。

三十多年过去，我带着满头霜花回到故乡，第一紧要的便是去看望小桥。

啊！小桥呢？它躲起来了？河中一道长虹，浴着朝霞熠熠（yìyì）闪光。哦，雄浑的大桥敞开胸怀，汽车的呼啸、摩托的笛音、自行车的叮铃，合奏着进行交响乐；南来的钢筋、花布，北往的柑橙（gānchéng）、家禽，绘出交流欢悦图……

啊！蜕变（tuìbiàn）的桥，传递了家乡进步的消息（xiāoxi），透露（lù）了家乡富裕的声音。时代的春风，美好的追求，我蓦地（mòdì）记起儿时唱//给小桥的歌，哦，明艳艳的太阳照耀了，芳香甜蜜的花果捧来了，五彩斑斓的岁月拉开了！

我心中涌动的河水，激荡起甜美的浪花。我仰望一碧蓝天，心底轻声呼喊：家乡的桥啊，我梦中的桥！

节选自郑莹《家乡的桥》

作品 19 号

三百多年前，建筑设计师莱伊恩（Láiyī'ēn）受命设计了英国温泽（Wēnzé）市政府大厅。他运用工程力学的知识（zhīshi），依据自己多年的实践，巧妙地设计了只用一根柱子支撑（zhīchēng）的大厅天花板。一年以后，市政府权威人士进行工程验收时，却说只用一根柱子支撑天花板太危险，要求莱伊恩再多加几根柱子。

莱伊恩自信只要一根坚固的柱子足以保证大厅安全，他的“固执”（gùzhi）惹恼（rěnǎo）了市政官员，险些被送上法庭。他非常苦恼，坚持自己原先的主张吧，市政官员肯定会另找人修改设计；不坚持吧，又有悖（bèi）

自己为人（wéirén）的准则。矛盾了很长一段时间，莱伊恩终于想出了一条妙计，他在大厅里增加了四根柱子，不过这些柱子并未与天花板接触，只不过是装装（zhuāngzhuang）样子（yàngzi）。

三百多年过去了，这个秘密（mìmì）始终没有被人发现。直到前两年，市政府准备修缮（xiūshàn）大厅的天花板，才发现莱伊恩当年的“弄虚作假”。消息（xiāoxi）传出后，世界各国的建筑专家和游客云集，当地政府对此也不加掩饰（yǎnshì），在新世纪到来之际，特意将大厅作为一个旅游景点对外开放，旨在引导人们崇尚（chóngshàng）和相信科学。

作为一名建筑师，莱伊恩并不是最出色的。但作为一个人，他无疑非常伟大，这种//伟大表现在他始终恪守着自己的原则，给高贵的心灵一个美丽的住所：哪怕是遭遇到最大的阻力，也要想办法抵达胜利。

节选自游宇明《坚守你的高贵》

作品 20 号

自从传言有人在萨文（Sàwén）河畔（pàn）散步时无意发现了金子（jīnzi）后，这里便常有来自四面八方的淘金者。他们都想成为富翁，于是寻遍了整个河床，还在河床上挖出很多大坑，希望借助它们找到更多的金子。的确（díquè），有一些人找到了，但另外一些人因为一无所得而只好扫兴归去。

也有不甘心落空的，便驻扎（zhùzhā）在这里，继续寻找。彼得·弗雷特就是其中一员。他在河床附近买了一块没人要的土地，一个人默默地工作。他为了找金子，已把所有的钱都押在这块土地上。他埋头苦干了几个月，直到土地全变成了坑坑洼洼（kēngkēng－wāwā），他失望了——他翻遍了整块土地，但连一丁点儿（yìdīngdiǎnr）金子都没看见。

六个月后，他连买面包的钱都没有了。于是他准备离开这儿（zhèr）到别处去谋生。

就在他即（jí）将离去的前一个晚上（wǎnshang），天下起了倾盆（qīngpén）大雨，并且一下就是三天三夜。雨终于停了，彼得走出小木屋，发现眼前的土地看上去好像和以前不一样：坑坑洼洼已被大水冲刷平整（píngzhěng），松软的土地上长出一层绿茸茸（lùróngróng）的小草。

"这里没找到金子，"彼得忽有所悟地说，"但这土地很肥沃，我可以用来种花，并且拿到镇上去卖给那些富人，他们一定会买些花装扮他们华丽的客//厅。如果真是这样的话，那么我一定会赚（zhuàn）许多钱，有朝一日我也会成为富人……"

于是他留了下来。彼得花了不少精力培育花苗，不久田地里长满了美丽娇艳的各色鲜花。

五年以后，彼得终于实现了他的梦想——成了一个富翁。"我是唯一的一个找到真金的人！"他时常不无骄傲地告诉别人，"别人在这儿找不到金子后便远远地离开，而我的'金子'是在这块土地里，只有诚实的人用勤劳才能采集到。"

节选自陶猛译《金子》

作品21号

我在加拿大（Jiā'nádà）学习期间遇到过两次募捐，那情景至今使我难以忘怀。

一天，我在渥太华的街上被两个男孩子（nánháizi）拦住去路。他们十来岁，穿得整整齐齐，每人头上戴着个做工精巧、色彩鲜艳的纸帽，上面写着"为帮助患小儿麻痹（bì）的伙伴募捐"。其中的一个，不由分说就坐在小凳上给我擦起皮鞋来，另一个则彬彬有礼地发问："小姐，您是哪国人？喜欢渥太华吗？""小姐，在你们国家有没有小孩儿（háir）患小儿麻痹？谁给他们医疗费？"一连串的问题，使我这个有生以来头一次在众目睽睽（kuíkuí）之下让别人擦鞋的异乡人，从近乎狼狈的窘（jiǒng）态中解脱出来。我们像朋友（péngyou）一样聊起天儿（tiānr）来……

几个月之后，也是在街上。一些十字路口处或车站坐着几位老人。他们满头银发，身穿各种老式军装，上面布满了大大小小形形色色的徽章、奖章，每人手捧一大束鲜花，有水仙、石竹、玫瑰（méigui）及叫不出名字（zi）的，一色雪白。匆匆过往的行人纷纷止步，把钱投进这些老人身旁的白色木箱内，然后向他们微微鞠躬，从他们手中接过一朵花。我看了一会儿（yíhuìr），有人投一两元，有人投几百元，还有人掏出支票填好后投进木箱。那些老军人毫不注意人们捐多少钱，一直不//停地向人们低声道谢。同行的朋友告诉我，这是为纪念二次大战中参战的勇士，募捐救济残废军人和烈士遗孀，每年一次；募捐的人可谓踊跃，而且秩序井然，气氛庄严。有些地方，人们还耐心地排着队。我想，这是因为他们都知道：正是这些老人们的流血牺牲换来了包括他们信仰自由在内的许许多多。

我两次把那微不足道的一点儿钱捧给他们，只想对他们说声“谢谢”。

节选自青白《捐诚》

作品22号

没有一（yí）片绿叶，没有一（yì）缕炊烟，没有一（yí）粒泥土，没有一（yì）丝花香，只有水的世界，云的海洋。

一阵台风袭（xí）过，一只孤单的小鸟无家可归，落到被卷到洋里的木板上，乘（chéng）流而下，姗姗（shānshān）而来，近了，近了！……

忽然，小鸟张开翅膀，在人们头顶盘旋了几圈儿（quānr），“噗啦（pūlā）”一声落到了船上。许是累了？还是发现了“新大陆”？水手撵（niǎn）它它不走，抓它，它乖乖地落在掌心。可爱的小鸟和善良的水手结（jié）成了朋友。

瞧，它多美丽，娇巧的小嘴，啄理（zhuólǐ）着绿色的羽毛，鸭子样的扁脚，呈现出春草的鹅黄。水手们把它带到舱里，给它“搭铺”，让它在船上安家落户，每天，把分到的一塑料筒淡水匀给它喝，把从祖国带来的鲜美的鱼肉分给它吃，天长日久，小鸟和水手的感情日趋笃（dǔ）厚。清晨，当第一束阳光射进舷（xián）窗时，它便敞开美丽的歌喉，唱啊（nga）唱，嘤嘤有韵，宛如春水淙淙（cóngcóng）。人类给它以生命，它毫不悭吝（qiānlìn）地把自己的艺术青春奉献给了哺（bǔ）育它的人。可能都是这样？艺术家们的青春只会献给尊敬他们的人。

小鸟给远航生活蒙上了一层浪漫色调。返航时，人们爱不释手，恋恋不舍地想把它带到异乡。可小鸟憔悴（qiáocuì）了，给水，不喝！喂肉，不吃！油亮的羽毛失去了光泽。是啊（ra），我//们有自己的祖国，小鸟也有它的归宿，人和动物都是一样啊，哪儿也不如故乡好！

慈爱的水手们决定放开它，让它回到大海的摇篮去，回到蓝色的故乡去。离别前，这个大自然的朋友与水手们留影纪念。它站在许多人的头上，肩上，掌上，胳膊上，与喂养过它的人们，一起融进那蓝色的画面……

节选自王文杰《可爱的小鸟》

作品23号

纽约的冬天常有大风雪，扑面的雪花不但令人难以睁开眼睛，甚至呼吸都会吸入冰冷的雪花。有时前一天晚上还是一片晴朗，第二天拉开窗帘，却已经积雪盈尺，连门都推不开了。

遇到这样的情况，公司、商店常会停止上班，学校也通过广播，宣布停课。但令人不解的是，唯有公立小学，仍然开放。只见黄色的校车，艰难地在路边接孩子，老师则一大早就口中喷着热气，铲去车子前后的积雪，小心翼翼地开车去学校。

据统计，十年来纽约的公立小学只因为超级暴风雪停过七次课。这是多么令人惊讶的事。犯得着（fàndezháo）在大人都无须上班的时候（hou）让孩子去学校吗？小学的老师也太倒霉（dǎoméi）了吧？

于是，每逢大雪而小学不停课时，都有家长打电话去骂。妙的是，每个打电话的人，反应全一样——先是怒气冲冲地责问，然后满口道歉，最后笑容满面地挂上电话。原因是，学校告诉家长：

在纽约有许多百万富翁，但也有不少贫困的家庭。后者白天开不起暖气，供（gōng）不起午餐，孩子的营养全靠学校里免费的中饭，甚至可以多拿些回家当晚餐。学校停课一天，穷孩子就受一天冻，挨（ái）一天饿，所以老师们宁（nìng）愿自己苦一点儿（diǎnr），也不能停课。//

或许有家长会说：何不让富裕的孩子在家里，让贫穷的孩子去学校享受暖气和营养午餐呢？

学校的答复是：我们不愿让那些穷苦的孩子感到他们是在接受救济，因为施舍的最高原则是保持受施者的尊严。

节选自（台湾）刘墉《课不能停》

作品 24 号

十年，在历史上不过是一瞬（shùn）间。只要稍加注意，人们就会发现：在这一瞬间里，各种事物都悄悄经历了自己的千变万化。

这次重新访日，我处处感到亲切和熟悉，也在许多方面发觉了日本的变化。就拿奈良（Nàiliáng）的一个角落来说吧，我重游了为之感受很深的唐昭提寺，在寺内各处匆匆走了一遍，庭院依旧，但意想不到还看到了一些新的东西。其中之一，就是近几年从中国移植来的“友谊（yì）之莲”。

在存放鉴真（Jiànzhēn）遗像的那个院子里，几株中国莲昂然挺立，翠绿的宽大荷叶正迎风而舞，显得十分愉快。开花的季节已过，荷花朵朵已变为莲蓬累累（léiléi）。莲子（liánzǐ）的颜色正在由青转紫，看来已经成熟了。

我禁不住想：“因”已转化为“果”。

中国的莲花开在日本，日本的樱花开在中国，这不是偶然。我希望这样一种盛况延续不衰（shuāi）。可能有人不欣赏花，但决不会有人欣赏落在自己面前的炮弹。

在这些日子（rìzi）里，我看到了不少多年不见的老朋友，又结识了一些新朋友。大家喜欢涉及的话题之一，就是古长安和古奈良。那还用得着（yòngdezháo）问吗，朋友们缅怀（miǎnhuái）过去，正是瞩望（zhǔwàng）未来。瞩目于未来的人们必将获得（huòdé）未来。

我不例外，也希望一个美好的未来。

为//了中日人民之间的友谊，我将不浪费今后生命的每一瞬间。

节选自严文井《莲花和樱花》

作品 25 号

梅雨潭闪闪的绿色招引着我们，我们开始追捉她那离合的神光了。揪（jiū）着草，攀着乱石，小心探身下去，又鞠躬过了一个石穹（qióng）门，便到了汪汪一碧的潭边了。

瀑布在襟袖（jīnxiù）之间，但是我的心中已没有瀑布了。我的心随潭水的绿而摇荡。那醉人的绿呀！仿佛一张极大极大的荷叶铺着，满是奇异的绿呀。我想张开两臂抱住她，但这是怎样一个妄想啊（nga）。

站在水边，望到那面，居然觉着（juézhe）有些远呢！这平铺着、厚积着的绿，着实（zhuóshí）可爱。她松松地皱缬（zhòuxié）着，像少妇拖着的裙幅；她滑滑地明亮着，像涂了“明油”一般，有鸡蛋清那样软，那样嫩；她又不杂些尘滓（chénzǐ），宛然（wǎnrán）一块温润的碧玉，只清清的一色——但你却看不透她！

我曾见过北京什刹海（shíchàhǎi）拂地的绿杨，脱不了鹅黄的底子，似乎太淡了。我又曾见过杭州虎跑寺近旁高峻而深密的“绿壁”，丛叠着无穷的碧草与绿叶的，那又似乎太浓了。其余呢，西湖的波太明了，秦淮河的也太暗了。可爱的，我将什么来比拟你呢？我怎么比拟得出呢？大约潭是很深的，故能蕴蓄（yùnxù）着这样奇异的绿；仿佛蔚蓝的天融了一块在里面似的（shìde），这才这般的鲜润啊（na）。

那醉人的绿呀！我若能裁你以为带，我将赠给那轻盈的//舞女，她必能临风飘举了。我若能挹你以为眼，我将赠给那善歌的盲妹，她必能明眸善睐了。我舍不得你，我怎舍得你呢？我用手拍着你，抚摩着你，如同一个十二三岁的小姑娘。我又掬你入口，便是吻着她了。我送你一个名字，我从此叫你“女儿绿”，好吗？

第二次到仙岩的时候，我不禁惊诧于梅雨潭的绿了。

节选自朱自清《绿》

作品 26 号

我们家的后园有半亩空（kòng）地，母亲说：“让它荒着怪可惜的，你们那么爱吃花生，就开辟（pì）出来种花生吧。”我们姐弟几个都很高兴，买种（zhǒng），翻地，播种（zhǒng），浇水，没过几个月，居然收获了。

母亲说：“今晚我们过一个收获节，请你们父亲也来尝尝（chángchang）我们的新花生，好不好？”我们都说好。母亲把花生做成了好几样食品，还吩咐就在后园的茅（máo）亭里过这个节。

晚上（wǎnshang）天色不太好，可是父亲也来了，实在很难得（nándé）。

父亲说：“你们爱吃花生吗？”

我们争着答应：“爱！”

“谁能把花生的好处说出来？”

姐姐（jiějie）说：“花生的味美。”

哥哥（gēge）说：“花生可以榨油。”

我说：“花生的价钱便宜（piányi），谁都可以买来吃，都喜欢（xǐhuan）吃。这就是它的好处。”

父亲说：“花生的好处很多，有一样最可贵：它的果实埋在地里，不像桃子（táozi）、石榴（shíliu）、苹果那样，把鲜红嫩绿的果实高高地挂在枝头上，使人一见就生爱慕之心。你们看它矮矮地长在地上，等到成熟了，也不能立刻分辨出来它有没有果实，必须挖出来才知道。”

我们都说是，母亲也点点头。

父亲接下去说：“所以你们要像花生，它虽然不好看，可是很有用，不是外表好看而没有实用的东西（dōngxi）。”

我说：“那么，人要做有用的人，不要做只讲体面，而对别人没有好处的人了。”//

父亲说：“对。这是我对你们的希望。”

我们谈到夜深才散。花生做的食品都吃完了，父亲的话却深深地印在我的心上。

节选自许地山《落花生》

作品27号

我打猎归来，沿着花园的林阴路走着。狗跑在我前边。

突然，狗放慢脚步，蹑（niè）足潜行，好像嗅（xiù）到了前边有什么野物。

我顺着林阴路望去，看见了一只嘴边还带黄色、头上生着柔毛的小麻雀。风猛烈地吹打着林阴路上的白桦（huà）树，麻雀从巢里跌落下来，呆呆地伏在地上，孤立无援地张开两只羽毛还未丰满的小翅膀。

我的狗慢慢向它靠近。忽然，从附近一棵树上飞下一只黑胸脯的老麻雀，像一颗石子（shízǐ）似的（shìde）落到狗的跟前。老麻雀全身倒竖着羽毛，惊恐万状，发出绝望、凄惨的叫声，接着向露出牙齿、大张着的狗嘴扑去。

老麻雀是猛扑下来救护幼雀的。它用身体掩护着自己的幼儿……但它整个小小的身体因恐怖而战栗（zhànlì）着，它小小的声音也变得粗暴嘶哑（sīyǎ），它在牺牲自己！

在它看来，狗该是多么庞大的怪物啊（wɑ）！然而，它还是不能站在自己高高的、安全的树枝上……一种比它的理智更强烈的力量，使它从那儿（nàr）扑下身来。

我的狗站住了，向后退了退……看来，它也感到了这种力量。

我赶紧唤住惊慌失措的狗，然后我怀着崇敬的心情，走开了。

是啊（rɑ），请不要见笑。我崇敬那只小小的、英勇的鸟儿（niǎor），我崇敬它那种爱的冲动和力量。

爱，我想，比//死和死的恐惧更强大。只有依靠它，依靠这种爱，生命才能维持下去，发展下去。

节选自［俄］屠格涅夫《麻雀》，巴金译

作品28号

那年我六岁。离我家仅一箭之遥的小山坡旁，有一个早已被废弃的采石场，双亲从来不准我去那儿（nàr），其实那儿风景十分迷人。

一个夏季的下午，我随着一群小伙伴偷偷上那儿（nàr）去了。就在我们穿越了一条孤寂的小路后，他们却把我一个人留在原地，然后奔（bēn）向"更危险的地带"了。

等他们走后，我惊慌失措（cuò）地发现，再也找不到要回家的那条孤寂的小道了。像只无头的苍蝇（cānɡyinɡ），我到处乱钻，衣裤上挂满了芒刺。太阳已经落山，而此时此刻，家里一定开始吃晚餐了，双亲正盼着我回家……想着想着，我不由得背靠着一棵树，伤心地呜呜大哭起来……

突然，不远处传来了声声柳笛。我像找到了救星，急忙循（xún）声走去。一条小道边的树桩上坐着一位吹笛人，手里还正削（xiāo）着什么。走近细看，他不就是被大家称为"乡巴佬儿（lǎor）"的卡廷吗？

"你好，小家伙儿（xiǎojiāhuor），"卡廷说，"看天气多美，你是出来散步的吧？"

我怯（qiè）生生地点点头，答道："我要回家了。"

"请耐心等上几分钟，"卡廷说，"瞧，我正在削一支柳笛，差不多（chàbuduō）就要做好了，完工后就送给你吧！"

卡廷边削边不时把尚未成形的柳笛放在嘴里试吹一下。没过多久，一支柳笛便递到我手中。我俩在一阵阵清脆悦耳的笛音//中，踏上了归途……

当时，我心中只充满感激，而今天，当我自己也成了祖父时，却突然领悟到他用心之良苦！那天当他听到我的哭声时，便判定我一定迷了路，但他并不想在孩子面前扮演"救星"的角色，于是吹响柳笛以便让我能发现他，并跟着他走出困境！就这样，卡廷先生以乡下人的纯朴，保护了一个小男孩儿强烈的自尊。

节选自唐若水译《迷途笛音》

作品 29 号

在浩瀚无垠的沙漠里，有一片美丽的绿洲，绿洲里藏着一颗闪光的珍珠。这颗珍珠就是敦煌莫高窟。它坐落在我国甘肃省敦煌市三危山和鸣沙山的怀抱中。

鸣沙山东麓（lù）是平均高度为十七米的崖壁。在一千六百多米长的崖壁上，凿（záo）有大小洞窟七百余个，形成了规模宏伟的石窟群。其中四百九十二个洞窟中，共有彩色塑像两千一百余尊，各种壁画共四万五千多平方米。莫高窟是我国古代无数艺术匠师留给人类的珍贵文化遗产。

莫高窟的彩塑，每一尊都是一件精美的艺术品。最大的有九层楼那么高，最小的还不如一个手掌大。这些彩塑个性鲜明，神态各异。有慈眉善目的菩萨（púsa），有威风凛凛（lǐnlǐn）的天王，还有强壮勇猛的力士……

莫高窟壁画的内容丰富多彩，有的是描绘古代劳动人民打猎、捕鱼、耕田、收割的情景，有的是描绘人们奏乐、舞蹈、演杂技的场面，还有的是描绘大自然的美丽风光。其中最引人注目的是飞天。壁画上的飞天，有的臂挎花篮，采摘（zhāi）鲜花；有的反弹琵琶（pípa），轻拨银弦；有的倒悬身子，自天而降；有的彩带飘拂，漫天遨游；有的舒展着双臂，翩翩起舞。看着这些精美动人的壁画，就像走进了//灿烂辉煌的艺术殿堂。

莫高窟里还有一个面积不大的洞窟——藏经洞。洞里曾藏有我国古代的各种经卷、文书、帛画、刺绣、铜像等共六万多件。由于清朝政府腐败无能，大量珍贵的文物被外国强盗掠走。仅存的部分经卷，现在陈列于北京故宫等处。

莫高窟是举世闻名的艺术宝库。这里的每一尊彩塑、每一幅壁画、每一件文物，都是中国古代人民智慧的结晶。

节选自小学《语文》第六册《莫高窟》

作品 30 号

其实你在很久以前并不喜欢牡丹，因为它总被人作为富贵膜（mó）拜。后来你目睹了一次牡丹的落花，你相信所有的人都会为之感动：一阵清风徐来，娇艳鲜嫩的盛期牡丹忽然整朵整朵地坠落，铺撒一地绚丽的花瓣。那花瓣落地时依然鲜艳夺目，如同一只奉上祭坛的大鸟脱落的羽毛，低吟（yín）着壮烈的悲歌离去。

牡丹没有花谢花败之时，要么烁（shuò）于枝头，要么归于泥土，它跨越萎顿（wěidùn）和衰老（shuāilǎo），由青春而死亡，由美丽而消遁（dùn）。它虽美却不吝惜生命，即使告别也要展示给人最后一次的惊心动魄。

所以在这阴冷的四月里，奇迹不会发生。任凭游人扫兴和诅咒（zǔzhòu），牡丹依然安之若素。它不苟且（gǒuqiě）、不俯就、不妥协、不媚俗，甘愿自己冷落自己。它遵循自己的花期自己的规律，它有权利为自己选择每年一度的盛大节日。它为什么不拒绝寒冷？

天南海北的看花人，依然络绎不绝地涌入洛阳城。人们不会因牡丹的拒绝而拒绝它的美。如果它再被贬谪（biǎnzhé）十次，也许它就会繁衍出十个洛阳牡丹城。

于是你在无言的遗憾中感悟到，富贵与高贵只是一字之差（chā）。同人一样，花儿（huā'ér）也是有灵性的，更有品位之高低。品位这东西为（wéi）气为（wéi）魂为（wéi）//筋骨为神韵，只可意会。你叹服牡丹卓尔不群之姿，方知品位是多么容易被世人忽略或是漠视的美。

节选自张抗抗《牡丹的拒绝》

作品 31 号

森林涵养水源，保持水土，防止水旱灾害的作用非常大。据专家测算，一片十万亩面积的森林，相当于一个两百万立方米的水库，这正如农谚所说的："山上多栽树，等于修水库。雨多它能吞，雨少它能吐。"

说起森林的功劳，那还多得很。它除了为人类提供木材及许多种生产、生活的原料之外，在维护生态环境方面也是功劳卓著，它用另一种"能吞能吐"的特殊功能孕（yùn）育了人类。因为地球在形成之初，大气中的二氧化碳含量很高，氧气很少，气温也高，生物是难以生存的。大约在四亿年之前，陆地才产生了森林。森林慢慢将大气中的二氧化碳吸收，同时吐出新鲜氧气，调（tiáo）节气温：这才具备了人类生存的条件，地球上才最终有了人类。

森林，是地球生态系统的主体，是大自然的总调（diào）度室，是地球的绿色之肺。森林维护地球生态环境的这种"能吞能吐"的特殊功能是其他任何物体都不能取代的。然而（ér），由于地球上的燃烧物增多，二氧化碳的排放量急剧增加，使得地球生态环境急剧恶化，主要表现为全球气候变暖，水分蒸发加快，改变了气流的循环，使气候变化加剧，从而引发热浪、飓（jù）风、暴雨、洪涝及干旱。

为了//使地球的这个"能吞能吐"的绿色之肺恢复健壮，以改善生态环境，抑制全球变暖，减少水旱等自然灾害，我们应该大力造林、护林，使每一座荒山都绿起来。

节选自《中考语文课外阅读试题精选》中的《"能吞能吐"的森林》

作品 32 号

朋友即将远行。

暮春时节，又邀了几位朋友在家小聚。虽然都是极熟（shú）的朋友，却是终年难得一见，偶尔（óuěr）电话里相遇，也无非是几句寻常话。一锅小米稀饭，一碟大头菜，一盘自家酿制的泡菜，一只巷口买回的烤鸭，简简单单，不像请客，倒（dào）像家人团聚。

其实，友情也好，爱情也好，久而久之都会转化为亲情。

说也奇怪，和新朋友会谈文学、谈哲学、谈人生道理等等，和老朋友却只话家常，柴米油盐，细细碎碎，种种琐事。很多时候，心灵的契合（qìhé）已经不需要太多的言语来表达。

朋友新烫了个头，不敢回家见母亲，恐怕惊骇（hài）了老人家，却欢天喜地来见我们，老朋友颇能以一种趣味性的眼光欣赏这个改变。

年少的时候，我们差不多都在为别人而活，为苦口婆心的父母活，为循循（xún）善诱的师长活，为许多观念、许多传统的约束力而活。年岁逐增，渐渐挣（zhèng）脱外在的限制与束缚（shùfù），开始懂得为自己活，照自己的方式做一些自己喜欢的事，不在乎（zàihu）别人的批评意见，不在乎别人的诋毁（dǐhuǐ）流言，只在乎那一份随心所欲的舒坦（shūtan）自然。偶尔，也能够纵容自己放浪一下，并且有一种恶作剧的窃喜。

就让生命顺其自然，水到渠成吧，犹如窗前的//乌桕（jiù），自生自落之间，自有一份圆融丰满的喜悦。春雨轻轻落着，没有诗，没有酒，有的只是一份相知相属的自在自得。

夜色在笑语中渐渐沉落，朋友起身告辞，没有挽留，没有送别，甚至也没有问归期。

已经过了大喜大悲的岁月，已经过了伤感流泪的年华，知道了聚散原来是这样的自然和顺理成章，懂得这点，便懂得珍惜每一次相聚的温馨，离别便也欢喜。

节选自（台湾）杏林子《朋友和其他》

作品 33 号

我们在田野散步：我，我的母亲，我的妻子和儿子。

母亲本不愿出来的。她老了，身体不好，走远一点儿（yìdiǎnr）就觉得很累。我说，正因为如此，才应该多走走。母亲信服地点点头，便去拿外套。她现在很听我的话，就像我小时候很听她的话一样。

这南方初春的田野，大块小块的新绿随意地铺着，有的浓，有的淡，树上的嫩芽也密了，田里的冬水也咕咕地起着水泡。这一切都使人想着一样东西（dōngxi）——生命。

我和母亲走在前面，我的妻子和儿子走在后面。小家伙突然叫起来：“前面是妈妈和儿子，后面也是妈妈和儿子。”我们都笑了。

后来发生了分歧（qí）：母亲要走大路，大路平顺；我的儿子要走小路，小路有意思（yìsi）。不过，一切都取决于我。我的母亲老了，她早已习惯听从她强壮的儿子；我的儿子还小，他还习惯听从他高大的父亲；妻子呢，在外面，她总是听我的。一霎（shà）时我感到了责任的重大。我想找一个两全的办法，找不出；我想拆散（chāisàn）一家人，分成两路，各得其所，终不愿意。我决定委屈儿子，因为我伴同他的时日还长。我说："走大路。"

但是母亲摸摸孙儿的小脑瓜，变了主意（zhǔyi）："还是走小路吧。"她的眼随小路望去：那里有金色的菜花，两行整齐的桑树，//尽头一口水波粼粼的鱼塘。"我走不过去的地方，你就背着我。"母亲对我说。

这样，我们在阳光下，向着那菜花、桑树和鱼塘走去。到了一处，我蹲下来，背起了母亲；妻子也蹲下来，背起了儿子。我和妻子都是慢慢地，稳稳地，走得很仔细，好像我背上的同她背上的加起来，就是整个世界。

节选自莫怀戚《散步》

作品 34 号

地球上是否真的存在“无底洞”？按说地球是圆的，由地壳（qiào）、地幔（màn）和地核（hé）三层组成，真正的“无底洞”是不应存在的，我们所看到的各种山洞、裂口、裂缝，甚至火山口也都只是地壳浅部的一种现象。然而中国一些古籍却多次提到海外有个深奥莫测的无底洞。事实上地球上确实有这样一个“无底洞”。

它位于希腊亚各斯古城的海滨。由于濒临（bīnlín）大海，大涨潮时，汹涌的海水便会排山倒海般地涌入洞中，形成一股湍湍（tuāntuān）的急流。据测，每天流入洞内的海水量达三万多吨。奇怪的是，如此大量的海水灌入洞中，却从来没有把洞灌满。曾有人怀疑，这个“无底洞”，会不（bu）会就像石灰岩地区的漏斗、竖井、落水洞一类的地形。然而从二十世纪三十年代以来，人们就做了多种努力企图寻找它的出口，却都是枉（wǎng）费心机。

为了揭开这个秘密，一九五八年美国地理学会派出一支考察队，他们把一种经久不变的带色染料溶解在海水中，观察染料是如何随着海水一起沉下去。

接着又察看了附近海面以及岛上的各条河、湖，满怀希望地寻找这种带颜色的水，结果令人失望。难道是海水量太大把有色水稀释得太淡，以致无法发现？//

至今谁也不知道为什么这里的海水会没完没了地“漏”下去，这个“无底洞”的出口又在哪里，每天大量的海水究竟都流到哪里去了？

节选自［美］罗伯特·罗威尔《神秘的“无底洞”》

作品 35 号

我在俄国见到的景物再没有比托尔斯泰墓更宏伟、更感人的。

完全按照托尔斯泰的愿望，他的坟墓成了世间最美的，给人印象最深刻的坟墓。它只是树林中的一个小小的长方形土丘，上面开满鲜花——没有十字架，没有墓碑，没有墓志铭（míng），连托尔斯泰这个名字也没有。

这位比谁都感到受自己的声名所累（lěi）的伟人，却像偶尔（ǒuěr）被发现的流浪汉，不为（wéi）人知的士兵，不留名姓地被人埋葬了。谁都可以踏进他最后的安息地，围在四周稀疏的木栅栏（zhàlan）是不关闭的——保护列夫·托尔斯泰得以安息的没有任何别的东西，唯有人们的敬意；而通常，人们却总是怀着好奇，去破坏伟人墓地的宁静。

这里，逼人的朴素禁锢（jìngù）住任何一种观赏的闲情，并且不容许你大声说话。风儿俯临，在这座无名者之墓的树木之间飒飒（sàsà）响着，和暖的阳光在坟头嬉戏；冬天，白雪温柔地覆盖这片幽暗的圭（guī）土地。无论你在夏天或冬天经过这儿（zhèr），你都想象不到，这个小小的、隆起的长方体里安放着一位当代最伟大的人物。

然而，恰恰是这座不留姓名的坟墓，比所有挖空心思（xīnsi）用大理石和奢华装饰建造的坟墓更扣人心弦（xián）。在今天这个特殊的日子//里，到他的安息地来的成百上千人中间，没有一个有勇气，哪怕仅仅从这幽暗的土丘上摘下一朵花留作纪念。人们重新感到，世界上再没有比托尔斯泰最后留下的、这座纪念碑式的朴素坟墓更打动人心的了。

节选自［奥］茨威格《世间最美的坟墓》，张厚仁译

作品 36 号

我国的建筑，从古代的宫殿到近代的一般住房，绝大部分是对称（chèn）的，左边怎么（zěnme）样，右边怎么样。苏州园林可绝不讲究对称，好像故意避免似的。东边有了一个亭子或者一道回廊，西边决不会来一个同样的亭子或者一道同样的回廊。这是为什么？我想，用图画来比方（bǐfang），对称的建筑是图案画，不是美术画，而园林是美术画，美术画要求自然之趣，是不讲究对称的。

苏州园林里都有假（jiǎ）山和池沼（chízhǎo）。

假山的堆叠，可以说是一项艺术而不仅是技术。或者是重峦叠嶂（chóngluán-diézhàng），或者是几座小山配合着竹子（zhúzi）花木，全在乎（zàihu）设计者和匠师们生平多阅历，胸中有丘壑（hè），才能使游览者攀登的时候忘却苏州城市，只觉得身在山间。

至于池沼，大多引用活水。有些园林池沼宽敞，就把池沼作为全园的中心，其他景物配合着布置。水面假如成河道模样（múyàng），往往安排桥梁。假如安排两座以上的桥梁，那就一座一个样，绝不雷同。

池沼或河道的边沿很少砌齐整的石岸，总是高低屈曲（qūqū）任其自然。还在那儿布置几块玲珑的石头（shítou），或者种些花草。这也是为了取得从各个角度看都成一幅画的效果。池沼里养着金鱼或各色鲤鱼，夏秋季节荷花或睡莲开//放，游览者看“鱼戏莲叶间”，又是入画的一景。

节选自叶圣陶《苏州园林》

作品 37 号

一位访美中国女作家，在纽约遇到一位卖花的老太太（tàitai）。老太太穿着（chuānzhuó）破旧，身体虚弱，但脸上的神情却是那样祥和兴奋（xīngfèn）。女作家挑了一朵花说：“看起来，你很高兴。”老太太面带微笑地说：“是的，一切都这么（zhème）美好，我为什么不高兴呢？”“对烦恼，你倒（dào）真能看得开。”女作家又说了一句。没料到，老太太的回答更令女作家大吃一惊：“耶稣在星期五被钉（dìng）上十字架时，是全世界最糟糕的一天，可三天后就是复活节。所以，当我遇到不幸时，就会等待三天，这样一切就恢复正常了。”

“等待三天”，多么富于哲理的话语，多么乐观的生活方式。它把烦恼和痛苦抛下，全力去收获快乐。

沈从文在“文革”期间，陷入了非人的境地。可他毫不在意，他在咸宁时给他的表侄、画家黄永玉写信说：“这里的荷花真好，你若来……”身陷苦难却仍为荷花的盛开欣喜赞叹不已，这是一种趋于澄（chéng）明的境界，一种旷达洒脱的胸襟（xiōngjīn），一种面临磨难坦荡从容（cóngróng）的气度，一种对生活童子（tóngzǐ）般的热爱和对美好事物无限向往的生命情感。

由此可见，影响一个人快乐的，有时并不是困境及磨难，而是一个人的心态。如果把自己浸泡在积极、乐观、向上的心态中，快乐必然会//占据你的每一天。

节选自《态度创造快乐》

作品 38 号

泰山极顶看日出，历来被描绘成十分壮观的奇景。有人说：登泰山而看不（bu）到日出，就像一出大戏没有戏眼，味儿（wèir）终究有点寡淡。

我去爬山那天，正赶上个难得的好天，万里长空，云彩丝儿（sīr）都不见。素常烟雾腾腾的山头，显得眉目分明。同伴们都欣喜地说：“明天早晨准可以看见日出了。”我也是抱着这种想头（xiǎngtou），爬上山去。

一路从山脚往上爬，细看山景，我觉得挂在眼前的不是五岳独尊的泰山，却像一幅规模惊人的青绿山水画，从下面倒（dào）展开来。在画卷中最先露（lòu）出的是山根底那座明朝建筑岱宗坊（Dàizōngfǎng），慢慢地便现出王母池、斗母宫、经石峪（yù）。山是一层比一层深，一叠比一叠奇，层层叠叠，不知还会有多深多奇，万山丛中，时而点染着极其工细的人物。王母池旁的吕祖殿里有不少尊明塑，塑着吕洞宾等一些人，姿态神情是那样有生气，你看了，不禁会脱口赞叹说：“活啦。”

画卷继续展开，绿阴森森的柏洞露面（lòumiàn）不太久，便来到对松山。两面奇峰对峙（zhì）着，满山峰都是奇形怪状的老松，年纪怕都有上千岁了，颜色竟那么浓，浓得好像要流下来似的。来到这儿（zhèr），你不妨权当一次画里的写意人物，坐在路旁的对松亭里，看看山色，听听流//水和松涛。

一时间，我又觉得自己不仅是在看画卷，却又像是在零零乱乱翻着一卷历史稿本。

节选自杨朔《泰山极顶》

作品 39 号

育才小学校长陶行知在校园看到学生（xuésheng）王友用泥块砸自己班上的同学，陶行知当即（jí）喝止（hèzhǐ）了他，并令他放学后到校长室去。无疑，陶行知是要好好教育这个“顽皮”的学生。那么他是如何教育的呢？

放学后，陶行知来到校长室，王友已经等在门口准备挨（ái）训了。可一见面，陶行知却掏出一块糖果送给王友，并说：“这是奖给你的，因为你按时来到这里，而我却迟到了。”王友惊疑地接过糖果。

随后，陶行知又掏出一块糖果放到他手里，说：“这第二块糖果也是奖给你的，因为当我不让你再打人时，你立即就住手了，这说明你很尊重我，我应该奖你。”王友更惊疑了，他眼睛睁得大大的。

陶行知又掏出第三块糖果塞（sāi）到王友手里，说：“我调查过了，你用泥块砸那些男生，是因为他们不守游戏规则，欺负（qīfu）女生；你砸他们，说明你很正直善良，且有批评不良行为的勇气，应该奖励你啊（ya）！”王友感动极了，他流着眼泪后悔地喊道：“陶……陶校长你打我两下吧！我砸的不是坏人，而是自己的同学啊（ya）……”

陶行知满意地笑了，他随即掏出第四块糖果递给王友，说：“为你正确地认识错误，我再奖给你一块糖果，只可惜我只有这一块糖果了。我的糖果//没有了，我看我们的谈话也该结束了吧！”说完，就走出了校长室。

节选自《教师博览·百期精华》中的《陶行知的“四块糖果”》

作品 40 号

享受幸福是需要学习的，当它即（jí）将来临的时刻需要提醒。人可以自然而然地学会感官的享乐，却无法天生地掌握幸福的韵律。灵魂的快意同器官的舒适像一对孪（luán）生兄弟，时而相傍（bàng）相依，时而南辕北辙（zhé）。

幸福是一种心灵的震颤（zhènchàn）。它像会倾听音乐的耳朵一样，需要不断地训练。

简而言之，幸福就是没有痛苦的时刻。它出现的频率并不像我们想象的那样少。人们常常只是在幸福的金马车已经驶过去很远时，才捡起地上的金鬃（zōng）毛说，原来我见过它。

人们喜爱回味幸福的标本，却忽略它披着露水散发清香的时刻。那时候我们往往步履匆匆，瞻（zhān）前顾后不知在忙着什么。

世上有预报台风的，有预报蝗灾的，有预报瘟疫的，有预报地震的。没有人预报幸福。

其实幸福和世界万物一样，有它的征兆（zhēngzhào）。

幸福常常是朦胧的，很有节制地向我们喷洒甘霖。你不要总希望轰轰烈烈的幸福，它多半只是悄悄地扑面而来。你也不要企图把水龙头拧（nǐng）得更大，那样它会很快地流失。你需要静静地以平和之心，体验它的真谛。

幸福绝大多数是朴素的。它不会像信号弹似的，在很高的天际闪烁红色的光芒。它披着本色的外衣，亲//切温暖地包裹起我们。

幸福不喜欢喧嚣浮华，它常常在暗淡中降临。贫困中相濡以沫的一块糕饼，患难中心心相印的一个眼神，父亲一次粗糙的抚摸，女友一张温馨的字条……这都是千金难买的幸福啊。像一粒粒缀在旧绸子上的红宝石，在凄凉中愈发熠熠夺目。

节选自毕淑敏《提醒幸福》

作品 41 号

在里约热内卢的一个贫民窟里，有一个男孩子，他非常喜欢足球，可是又买不（bu）起，于是就踢塑料盒，踢汽水瓶，踢从垃圾箱里拣来的椰子壳（ké）。他在胡同（hútòng）里踢，在能找到的任何一片空地上踢。

有一天，当他在一处干涸（hé）的水塘里猛踢一个猪膀胱（pángguāng）时，被一位足球教练看见了。他发现这个（zhège）男孩儿（háir）踢得很像是那么回事，就主动提出要送给他一个足球。小男孩儿得到足球后踢得更卖劲儿（màijìnr）了。不久，他就能准确地把球踢进远处随意摆放的一个水桶里。

圣诞节到了，孩子的妈妈说："我们没有钱买圣诞礼物送给我们的恩人，就让我们为他祈祷吧。"

小男孩儿跟随妈妈祈祷完毕，向妈妈要了一把铲子便跑了出去。他来到一座别墅（shù）前的花园里，开始挖坑。

就在他快要挖好坑的时候，从别墅里走出一个人来，问小孩儿在干什么，孩子抬起满是汗珠的脸蛋儿（liǎndànr），说："教练，圣诞节到了，我没有礼物送给您，我愿给您的圣诞树挖一个树坑。"

教练把小男孩儿从树坑里拉上来，说："我今天得到了世界上最好的礼物。明天你就到我的训练场去吧。"

三年后，这位十七岁的男孩儿在第六届足球锦标赛上独进二十一球，为巴西第一次捧回了金杯。一个原来不//为世人所知的名字——贝利，随之传遍世界。

节选自刘燕敏《天才的造就》

作品42号

记得我十三岁时，和母亲住在法国东南部的耐斯城。母亲没有丈夫（zhàngfu），也没有亲戚（qīnqi），够清苦的，但她经常能拿出令人吃惊的东西，摆在我面前。她从来不吃肉，一再说自己是素食者。然而有一天，我发现母亲正仔细地用一小块碎面包擦那给我煎牛排用的油锅。我明白（míngbai）了她称自己为素食者的真正原因。

我十六岁时，母亲成了耐斯市美蒙旅馆的女经理。这时，她更忙碌了。一天，她瘫在椅子上，脸色苍白，嘴唇发灰。马上找来医生，做出诊断：她摄取了过多的胰岛素。直到这时我才知道母亲多年一直对我隐瞒的疾痛——糖尿病。

她的头歪向枕头一边，痛苦地用手抓挠（zhuā'nao）胸口。床架上方，则挂着一枚我一九三二年赢得耐斯市少年乒乓球冠军的银质奖章。

啊，是对我的美好前途的憧憬支撑着她活下去，为了给她那荒唐（huāngtang）的梦至少加一点真实的色彩，我只能继续努力，与时间竞争，直至一九三八年我被征入空军。巴黎很快失陷，我辗转调到英国皇家空军。刚到英国就接到了母亲的来信。这些信是由在瑞士的一个朋友秘密地转到伦敦，送到我手中的。

现在我要回家了，胸前佩带着醒目的绿黑两色的解放十字绶//带，上面挂着五六枚我终身难忘的勋章，肩上还佩带着军官肩章。到达旅馆时，没有一个人跟我打招呼。原来，我母亲在三年半以前就已经离开人间了。

在她死前的几天中，她写了近二百五十封信，把这些信交给她在瑞士的朋友，请这个朋友定时寄给我。就这样，在母亲死后的三年半的时间里，我一直从她身上吸取着力量和勇气——这使我能够继续战斗到胜利那一天。

节选自［法］罗曼·加里《我的母亲独一无二》

作品 43 号

生活对于任何人都非易事，我们必须有坚韧不拔的精神。最要紧的，还是我们自己要有信心。我们必须相信，我们对每一件事情（shìqing）都具有天赋的才能，并且，无论付出任何代价，都要把这件事完成。当事情结束的时候，你要能问心无愧地说："我已经尽我所能了。"

有一年的春天，我因病被迫在家里休息（xiūxi）数（shù）周。我注视着我的女儿们所养的蚕正在结茧（jiéjiǎn），这使我很感兴趣。望着这些蚕执著（zhízhuó）地、勤奋地工作，我感到我和它们非常相似。像它们一样，我总是耐心地把自己的努力集中在一个目标上。我之所以如此，或许是因为有某种力量在鞭策（biāncè）着我——正如蚕被鞭策着去结茧一般。

近五十年来，我致力于科学研究，而（ér）研究，就是对真理的探讨。我有许多美好快乐的记忆。少女时期我在巴黎大学，孤独地过着求学的岁月；在后来献身科学的整个时期，我丈夫和我专心致志，像在梦幻中一般，坐在简陋的书房里艰辛地研究，后来我们就在那里发现了镭。

我永远追求安静的工作和简单的家庭生活。为了实现这个理想，我竭（jié）力保持宁静的环境，以免受人事的干扰和盛名的拖累（tuōlěi）。

我深信，在科学方面我们有对事业而不是//对财富的兴趣。我的唯一奢望是在一个自由国家中，以一个自由学者的身份从事研究工作。

我一直沉醉于世界的优美之中，我所热爱的科学也不断增加它崭新的远景。我认定科学本身就具有伟大的美。

节选自［波兰］玛丽·居里《我的信念》，剑捷译

作品 44 号

我为什么非要教（jiāo）书不可？是因为我喜欢当教师的时间安排表和生活节奏。七、八、九三个月给我提供（gōng）了进行回顾、研究、写作的良机，并将三者有机融合，而善于回顾、研究和总结正是优秀教师素质中不可缺少的成分。

干这行给了我多种多样的“甘泉”去品尝，找优秀的书籍去研读，到“象牙塔”和实际世界里去发现。教学工作给我提供了继续学习的时间保证，以及多种途径、机遇和挑战。

然而，我爱这一行的真正原因，是爱我的学生。学生们在我的眼前成长、变化。当教师意味着亲历“创造”过程的发生——恰似亲手赋予一团泥土以生命，没有什么比目睹它开始呼吸更激动人心的了。

权利我也有了：我有权利去启发诱导，去激发智慧的火花，去问费心思考的问题，去赞扬回答的尝试，去推荐书籍，去指点迷津。还有什么别的权利能与之相比呢？

而且，教书还给我金钱和权利之外的东西，那就是爱心。不仅有对学生的爱，对书籍的爱，对知识的爱，还有教师才能感受到的对“特别”学生的爱。这些学生，有如冥（míng）顽不灵的泥块，由于接受了老师的炽（chì）爱才勃发了生机。

所以，我爱教书，还因为，在那些勃发生机的“特//别”学生身上，我有时发现自己和他们呼吸相通，忧乐与共。

节选自［美］彼得·基·贝得勒《我为什么当教师》

作品 45 号

中国西部我们通常是指黄河与秦岭相连一线以西，包括西北和西南的十二个省、市、自治区。这块广袤（mào）的土地面积为五百四十六万平方公里，占国土总面积的百分之五十七；人口二点八亿，占全国总人口的百分之二十三。

西部是华夏文明的源头。华夏祖先的脚步是顺着水边走的：长江上游出土过元谋人牙齿化石，距今约一百七十万年；黄河中游出土过蓝田人头盖骨，距今约七十万年。这两处古人类都比距今约五十万年的北京猿人资格更老。

西部地区是华夏文明的重要发源地，秦皇汉武以后，东西方文化在这里交汇融合，从而有了丝绸之路的驼铃声声，佛院深寺的暮鼓晨钟（mùgǔ - chénzhōng）。敦煌莫高窟是世界文化史上的一个奇迹，它在继承汉晋艺术传统的基础上，形成了自己兼收并蓄（jiānshōu - bìngxù）的恢宏气度，展现出精美绝伦的艺术形式和博大精深的文化内涵。秦始皇兵马俑、西夏王陵、楼兰古国、布达拉宫、三星堆、大足石刻等历史文化遗产，同样为（wéi）世界所瞩目（zhǔmù），成为中华文化重要的象征。

西部地区又是少数民族及其文化的集萃（jícuì）地，几乎包括了我国所有的少数民族。在一些偏远的少数民族地区，仍保留//了一些久远时代的艺术品种，成为珍贵的“活化石”，如纳西古乐、戏曲、剪纸、刺绣、岩画等民间艺术和宗教艺术。特色鲜明、丰富多彩，犹如一个巨大的民族民间文化艺术宝库。

我们要充分重视和利用这些得天独厚的资源优势，建立良好的民族民间文化生态环境，为西部大开发做出贡献。

节选自《中考语文课外阅读试题精选》中《西部文化和西部开发》

作品46号

高兴，这是一种具体的被看得到（kàndedào）摸得着（mōdezháo）的事物所唤起的情绪。它是心理的，更是生理的。它容易来也容易去，谁也不应该对它视而不见、失之交臂，谁也不应该总是做那些使自己不高兴也使旁人不高兴的事。让我们说一件最容易做也最令人高兴的事吧，尊重你自己，也尊重别人，这是每一个人的权利，我还要说这是每一个人的义务。

快乐，它是一种富有概括性的生存状态、工作状态。它几乎是先验的，它来自生命本身的活力，来自宇宙、地球和人间的吸引，它是世界的丰富、绚丽、阔大、悠久的体现。快乐还是一种力量，是埋在地下的根脉。消灭一个人的快乐比挖掘掉一棵大树的根要难得多。

欢欣，这是一种青春的、诗意的情感。它来自面向着未来伸开双臂奔跑的冲力，它来自一种轻松而又神秘、朦胧而又隐秘的激动，它是激情即将到来的预兆（yùzhào），它又是大雨过后的比下雨还要美妙得多也久远得多的回味……

喜悦，它是一种带有形而上色彩的修养和境界。与其说它是一种情绪，不如说它是一种智慧、一种超拔、一种悲天悯（mǐn）人的宽容和理解，一种饱经沧桑（cāngsāng）的充实和自信，一种光明的理性，一种坚定//的成熟，一种战胜了烦恼和庸俗的清明澄澈。它是一潭清水，它是一抹朝霞，它是无边的平原，它是沉默的地平线，多一点儿、再多一点儿喜悦吧，它是翅膀，也是归巢。它是一杯美酒，也是一朵永远开不败的莲花。

节选自王蒙《喜悦》

作品 47 号

在湾仔，香港最热闹（rè'nao）的地方，有一棵榕树，它是最贵的一棵树，不光在香港，在全世界，都是最贵的。

树，活的树，又不卖，何言其贵？只因它老，它粗，是香港百年沧桑（cāngsāng）的活见证，香港人不忍看着它被砍伐，或者被移走，便跟要占用这片山坡的建筑者谈条件：可以在这儿建大楼盖商厦，但一不准砍树，二不准挪（nuó）树，必须把它原地精心养起来，成为香港闹市中的一景。太古大厦的建设者最后签了合同（hétong），占用这个大山坡建豪华商厦的先决条件是同意保护这棵老树。

树长在半山坡上，计划将树下面的成千上万吨山石全部掏空取走，腾出地方来盖楼，把树架在大楼上面，仿佛它原本是长在楼顶上似的。建设者就地造了一个直径十八米、深十米的大花盆，先固定好这棵老树，再在大花盆底下盖楼。光这一项就花了两千三百八十九万港币，堪称（kānchēng）是最昂贵的保护措施了。

太古大厦落成之后，人们可以乘（chéng）滚动扶梯一次到位，来到太古大厦的顶层，出后门，那儿是一片自然景色。一棵大树出现在人们面前，树干有一米半粗，树冠（guān）直径足有二十多米，独木成林，非常壮观，形成一座以它为中心的小公园，取名叫“榕圃（pǔ）”。树前面//插着铜牌，说明原由。此情此景，如不看铜牌的说明，绝对想不到巨树根底下还有一座宏伟的现代大楼。

节选自舒乙《香港：最贵的一棵树》

作品 48 号

我们的船渐渐地逼近榕树了。我有机会看清它的真面目：是一棵大树，有数不清的丫枝，枝上又生根，有许多根一直垂到地上，伸进泥土里。一部分树枝垂到水面，从远处看，就像一棵大树斜躺在水面上一样。

现在正是枝繁叶茂的时节。这棵榕树好像在把它的全部生命力展示给我们看。那么多的绿叶，一簇（cù）堆在另一簇的上面，不留一点儿缝隙。翠绿的颜色明亮地在我们的眼前闪耀，似乎每一片树叶上都有一个新的生命在颤（chàn）动，这美丽的南国的树！

船在树下泊（bó）了片刻，岸上很湿，我们没有上去。朋友说这里是"鸟的天堂"，有许多鸟在这棵树上做窝，农民不许人去捉它们。我仿佛听见几只鸟扑翅的声音，但是等到我的眼睛（yǎnjing）注意地看那里时，我却看不见一只鸟的影子，只有无数的树根立在地上，像许多根木桩。地是湿的，大概涨潮时河水常常冲上岸去。"鸟的天堂"里没有一只鸟，我这样想道。船开了，一个朋友拨着船，缓缓地流到河中间去。

第二天，我们划着船到一个朋友的家乡去，就是那个有山有塔的地方。从学校出发，我们又经过那"鸟的天堂"。

这一次是在早晨，阳光照在水面上，也照在树梢上。一切都//显得非常光明。我们的船也在树下泊了片刻。

起初四周围非常清静。后来忽然起了一声鸟叫。我们把手一拍，便看见一只大鸟飞了起来，接着又看见第二只，第三只。我们继续拍掌，很快地这个树林就变得很热闹了。到处都是鸟声，到处都是鸟影。大的，小的，花的，黑的，有的站在枝上叫，有的飞起来，在扑翅膀。

节选自巴金《鸟的天堂》

作品 49 号

有这样一个故事（gùshi）。

有人问：世界上什么东西的气力最大？回答纷纭得很，有的说“象”，有的说“狮”，有人开玩笑似（shìde）的说：是“金刚”，金刚有多少气力，当然大家全不知道。

结果，这一切答案完全不对，世界上气力最大的，是植物的种子。一粒种子所可以显现出来的力，简直是超越一切。

人的头盖骨，结合得非常致密与坚固，生理学家和解剖（jiěpōu）学者用尽了一切的方法，要把它完整地分出来，都没有这种力气（lìqi）。后来忽然有人发明了一个方法，就是把一些植物的种子放在要剖析（pōuxī）的头盖骨里，给它以温度与湿度，使它发芽。一发芽，这些种子便以可怕的力量，将一切机械力所不能分开的骨骼，完整地分开了。植物种子的力量之大，如此如此。

这，也许特殊了一点儿（yìdiǎnr），常人不容易理解。那么，你看见过笋（sǔn）的成长吗？你看见过被压在瓦砾（wǎlì）和石块下面的一棵小草的生长吗？它为着向往阳光，为着达成它的生之意志，不管上面的石块如何重，石与石之间如何狭，它必定要曲曲折折地，但是顽强不屈地透到地面上来。它的根往土壤钻，它的芽往地面挺，这是一种不可抗拒的力，阻止它的石块，结果也被它掀翻，一粒种子的力量之大，//如此如此。

没有一个人将小草叫做“大力士”，但是它的力量之大，的确是世界无比。这种力是一般人看不见的生命力。只要生命存在，这种力就要显现。上面的石块，丝毫不足以阻挡。因为它是一种“长期抗战”的力；有弹性，能屈能伸的力；有韧性，不达目的不止的力。

节选自夏衍《野草》

作品 50 号

著名教育家班杰明曾经接到一个青年人的求救电话，并与那个向往成功、渴望指点的青年人约好了见面的时间和地点。

待那个青年如约而至时，班杰明的房门敞开着，眼前的景象却令青年人颇感意外——班杰明的房间里乱七八糟、狼藉一片。

没等青年人开口，班杰明就招呼（zhāohu）道："你看我这房间，太不整洁了，请你在门外等候一分钟，我收拾（shōushi）一下，你再进来吧。"一边说着，班杰明就轻轻地关上了房门。

不到一分钟的时间，班杰明就又打开了房门并热情地把青年人让进客厅。这时，青年人的眼前展现出另一番景象——房间内的一切已变得井然有序，而且有两杯刚刚倒好的红酒，在淡淡的香水气息里还漾着微波。

可是，没等青年人把满腹的有关人生和事业的疑难问题向班杰明讲出来，班杰明就非常客气（kèqi）地说道："干杯。你可以走了。"

青年人手持酒杯一下子愣住了，既尴尬又非常遗憾地说："可是，我……我还没向您请教呢……"

"这些……难道还不够吗？"班杰明一边微笑着，一边扫视着自己的房间，轻言细语地说，"你进来又有一分钟了。"

"一分钟……一分钟……"青年人若有所思（ruòyǒu－suǒsī）地说："我懂了，您让我明白了一分钟的时间可以做许//多事情，可以改变许多事情的深刻道理。"

班杰明舒心地笑了。青年人把杯里的红酒一饮而尽，向班杰明连连道谢后，开心地走了。

其实，只要把握好生命的每一分钟，也就把握了理想的人生。

节选自纪广洋《一分钟》

作品 51 号

有个塌鼻子（bízi）的小男孩儿，因为两岁时得过脑炎，智力受损，学习起来（qǐlai）很吃力。打个比方，别人写作文能写二三百字，他却只能写三五行。但即便（jíbiàn）这样的作文，他同样能写得很动人。

那是一次作文课，题目是《愿望》。他极其认真地想了半天，然后极认真地写，那作文极短。只有三句话：我有两个愿望，第一个是，妈妈天天笑眯眯（xiàomīmī）地看着我说："你真聪明。"第二个是，老师天天笑眯眯地看着我说："你一点儿也不笨。"

于是，就是这篇作文，深深地打动了他的老师，那位妈妈式的老师不仅给了他最高分，在班上带感情地朗读了这篇作文，还一笔一画（yìbǐ－yíhuà）地批道：你很聪明，你的作文写得非常感人，请放心，妈妈肯定会格外喜欢（xǐhuan）你的，老师肯定会格外喜欢你的，大家肯定会格外喜欢你的。

捧着作文本，他笑了，蹦蹦跳跳地回家了，像只喜鹊。但他并没有把作文本拿给妈妈看，他是在等待，等待着一个美好的时刻。

那个时刻终于到了，是妈妈的生日——一个阳光灿烂的星期天：那天，他起得特别早，把作文本装在一个亲手做的美丽的大信封里，等着妈妈醒来。妈妈刚刚睁眼醒来，他就笑眯眯地走到妈妈跟前说："妈妈，今天是您的生日，我要//送给您一件礼物。"

果然，看着这篇作文，妈妈甜甜地涌出了两行热泪，一把搂住小男孩儿，搂得很紧很紧。

是的，智力可以受损，但爱永远不会。

节选自张玉庭《一个美丽的故事》

作品 52 号

小学的时候，有一次我们去海边远足，妈妈没有做便饭，给了我十块钱买午餐。好像走了很久，很久，终于到海边了，大家坐下来便吃饭，荒凉的海边没有商店，我一个人跑到防风林外面去，级任（jírèn）老师要大家把吃剩的饭菜分给我一点儿。有两三个男生留下一点儿给我，还有一个女生，她的米饭拌了酱油，很香。我吃完的时候，她笑眯眯（xiàomīmī）地看着我，短头发，脸圆圆的。

她的名字叫翁香玉。

每天放学的时候，她走的是经过我们家的一条小路，带着一位比她小的男孩儿，可能是弟弟。小路边是一条清澈见底的小溪，两旁竹阴覆盖，我总是远远地跟在她后面。夏日的午后特别炎热，走到半路她会停下来，拿手帕在溪水里浸湿，为小男孩儿擦脸。我也在后面停下来，把肮脏的手帕弄湿了擦脸，再一路远远跟着她回家。

后来我们家搬到镇上去了，过几年我也上了中学。有一天放学回家，在火车上，看见斜对面一位短头发、圆圆脸的女孩儿，一身素净（sùjing）的白衣黑裙。我想她一定不认识（rènshi）我了。火车很快到站了，我随着人群挤向门口，她也走近了，叫我的名字。这是她第一次和我说话。

她笑眯眯的，和我一起走过月台。以后就没有再见过//她了。

这篇文章收在我出版的《少年心事》这本书里。

书出版后半年，有一天我忽然收到出版社转来的一封信，信封上是陌生的字迹，但清楚地写着我的本名。

信里面说她看到了这篇文章心里非常激动，没想到在离开家乡，漂泊异地这么久之后，会看见自己仍然在一个人的记忆里，她自己也深深记得这其中的每一幕，只是没想到越过遥远的时空，竟然另一个人也深深记得。

节选自苦伶《永远的记忆》

作品 53 号

在繁华的巴黎大街的路旁，站着一个衣衫褴褛（lánlǚ）、头发斑白、双目失明的老人。他不像其他乞丐那样伸手向过路行人乞讨，而是在身旁立一块木牌，上面写着："我什么也看不见！"街上过往的行人很多，看了木牌上的字都无动于衷，有的还淡淡一笑，便姗（shān）姗而去了。

这天中午，法国著名诗人让·彼浩勒也经过这里。他看看木牌上的字，问盲老人："老人家（lǎorénjiɑ），今天上午有人给你钱吗？"

盲老人叹息着回答："我，我什么也没有得到。"说着，脸上的神情非常悲伤。

让·彼浩勒听了，拿起笔悄悄地在那行字的前面添上了"春天到了，可是"几个字，就匆匆地离开了。

晚上，让·彼浩勒又经过这里，问那个盲老人下午的情况。盲老人笑着回答说："先生，不知为什么，下午给我钱的人多极了！"让·彼浩勒听了，摸着胡子（húzi）满意地笑了。

"春天到了，可是我什么也看不见！"这富有诗意的语言，产生这么大的作用，就在于它有非常浓厚的感情色彩。是的，春天是美好的，那蓝天白云，那绿树红花，那莺歌燕舞（yīnggeyànwǔ），那流水人家（rénjiā），怎么不叫人陶醉呢？但这良辰美景，对于一个双目失明的人来说，只是一片漆黑。当人们想到这个盲老人，一生中竟连万紫千红的春天//都不曾看到，怎能不对他产生同情之心呢？

节选自小学《语文》第六册中的《语言的魅力》

作品 54 号

有一次，苏东坡的朋友张鹗拿着一张宣纸来求他写一幅字，而且希望他写一点儿关于养生方面的内容。苏东坡思索了一会儿，点点头说："我得到了一个养生长寿古方，药只有四味，今天就赠给你吧。"于是，东坡的狼毫在纸上挥洒起来，上面写着："一（yī）曰无事以当（dàng）贵，二曰早寝（qǐn）以当富，三曰安步以当车，四曰晚食以当肉。"

"这哪里有药？"张鹗一脸茫然地问。苏东坡笑着解释说："养生长寿的要诀，全在这四句里面。"

所谓"无事以当贵"，是指人不要把功名利禄、荣辱过失考虑得太多，如能在情志上潇洒大度，随遇而安，无事以求，这比富贵更能使人终其天年。

"早寝以当富"，指吃好穿好、财货充足，并非就能使你长寿。对老年人来说，养成良好的起居习惯，尤其是早睡早起，比获得任何财富更加宝贵。

"安步以当车"，指人不要过于讲求安逸、肢体不劳，而应多以步行来替代骑马乘（chéng）车，多运动才可以强健体魄，通畅气血（qìxuè）。

"晚食以当肉"，意思是人应该用已饥方食、未饱先止代替对美味佳肴的贪吃无厌。他进一步解释，饿了以后才进食，虽然是粗茶淡饭，但其香甜可口会胜过山珍；如果饱了还要勉强（miǎnqiǎng）吃，即使美味佳肴摆在眼前也难以//下咽。

苏东坡的四味"长寿药"，实际上是强调了情志、睡眠、运动、饮食四个方面对养生长寿的重要性，这种养生观点即使在今天仍然值得借鉴。

节选自蒲昭和《赠你四味长寿药》

作品 55 号

人活着，最要紧的是寻觅到那片代表着生命绿色和人类希望的丛林，然后选一高高的枝头站在那里观览人生，消化痛苦，孕育歌声，愉悦世界！

这可真是一种潇洒的人生态度，这可真是一种心境爽朗的情感风貌。

站在历史的枝头微笑，可以减免许多烦恼。在那里，你可以从众生相（zhòngshēngxiàng）所包含的甜酸苦辣、百味人生中寻找你自己；你境遇中的那点儿苦痛，也许相比之下，再也难以占据一席之地；你会较（jiào）容易地获得从不悦中解脱灵魂的力量，使之不致变得灰色。

人站得高些，不但能有幸早些领略到希望的曙光，还能有幸发现生命的立体的诗篇。每一个人的人生，都是这诗篇中的一个词、一个句子或者一个标点。你可能没有成为一个美丽的词，一个引人注目的句子，一个惊叹号，但你依然是这生命的立体诗篇中的一个音节、一个停顿、一个必不可少的组成部分（bùfen）。这足以使你放弃前嫌（qiánxián），萌生为人类孕育新的歌声的兴致，为世界带来更多的诗意。

最可怕的人生见解，是把多维的生存图景看成平面。因为那平面上刻下的大多是凝固（nínggù）了的历史——过去的遗迹；但活着的人们，活得却是充满着新生智慧的，由//不断逝去的“现在”组成的未来。人生不能像某些鱼类躺着游，人生也不能像某些兽类爬着走，而应该站着向前行，这才是人类应有的生存姿态。

节选自［美］本杰明·拉什《站在历史的枝头微笑》

作品 56 号

中国的第一大岛、台湾省的主岛台湾，位于中国大陆架的东南方，地处（dìchǔ）东海和南海之间，隔着台湾海峡和大陆相望。天气晴朗的时候，站在福建沿海较高的地方，就可以隐隐约约地望见岛上的高山和云朵。

台湾岛形状狭长，从东到西，最宽处只有一百四十多公里；由南至北，最长的地方约有三百九十多公里。地形像一个纺织用的梭子（suōzi）。

台湾岛上的山脉纵贯南北，中间的中央山脉犹如全岛的脊梁（jǐliang）。西部为海拔近四千米的玉山山脉，是中国东部的最高峰。全岛约有三分之一的地方是平地，其余为山地。岛内有缎带般的瀑布，蓝宝石似的湖泊（húpō），四季常青的森林和果园，自然景色十分优美。西南部的阿里山和日月潭，台北市郊的大屯山风景区，都是闻名世界的游览胜地。

台湾岛地处热带和温带之间，四面环海，雨水充足，气温受到海洋的调剂，冬暖夏凉，四季如春，这给水稻和果木生长提供了优越的条件。水稻、甘蔗（gānzhe）、樟脑（zhāngnǎo）是台湾的“三宝”。岛上还盛产鲜果和鱼虾。

台湾岛还是一个闻名世界的“蝴蝶王国”。岛上的蝴蝶共有四百多个品种，其中有不少是世界稀有的珍贵品种。岛上还有不少鸟语花香的蝴//蝶谷，岛上居民利用蝴蝶制作的标本和艺术品，远销许多国家。

节选自《中国的宝岛——台湾》

作品57号

对于中国的牛，我有着一种特别尊敬的感情。

留给我印象最深的，要算在田垄（lǒng）上的一次“相遇”。

一群朋友郊游，我领头在狭窄（xiázhǎi）的阡陌（qiānmò）上走，怎料迎面来了几头耕牛，狭道容不下人和牛，终有一方要让路。它们还没有走近，我们已经预计斗不过畜生（chùsheng），恐怕难免踩到田地泥水里，弄得鞋袜又泥又湿了。正踟蹰（chíchú）的时候，带头的一头牛，在离我们不远的地方停下来，抬起头看看，稍迟疑一下，就自动走下田去。一队耕牛，全跟着它离开阡陌，从我们身边经过。

我们都呆了，回过头来，看着深褐色的牛队，在路的尽头消失，忽然觉得自己受了很大的恩惠。

中国的牛，永远沉默地为人做着沉重的工作。在大地上，在晨光或烈日下，它拖着沉重的犁，低头一步又一步，拖出了身后一列又一列松土，好让人们下种（xiàzhǒng）。等到满地金黄或农闲时候，它可能还得（děi）担当搬运负重的工作；或终日绕着石磨，朝同一方向，走不计程的路。

在它沉默的劳动中，人便得到应得的收成（shōucheng）。

那时候，也许，它可以松一肩重担，站在树下，吃几口嫩草。偶尔摇摇尾巴（wěiba），摆摆耳朵，赶走飞附身上的苍蝇（cāngying），已经算是它最闲适的生活了。

中国的牛，没有成群奔跑的习//惯，永远沉沉实实的，默默地工作，平心静气。这就是中国的牛!

节选自小思《中国的牛》

作品58号

不管我的梦想能否成为事实，说出来总是好玩儿（hǎowánr）的。

春天，我将要住在杭州。二十年前，旧历的二月初，在西湖我看见了嫩柳与菜花，碧浪与翠竹。由我看到的那点儿春光，已经可以断定，杭州的春天必定会教（jiào）人整天生活在诗与图画之中。所以，春天我的家应当是在杭州。

夏天，我想青城山应当算作最理想的地方。在那里，我虽然只住过十天，可是它的幽静已拴住了我的心灵。在我所看见过的山水中，只有这里没有使我失望。到处都是绿，目之所及，那片淡而光润的绿色都在轻轻地颤动，仿佛要流入空中与心中似的。这个绿色会像音乐，涤（dí）清了心中的万虑。

秋天一定要住北平。天堂是什么样子，我不知道，但是从我的生活经验去判断，北平之秋便是天堂。论天气，不冷不热。论吃的，苹果、梨、柿子（shìzi）、枣儿（zǎor）、葡萄（pútao），每样都有若干种。论花草，菊花种类之多，花式之奇，可以甲天下。西山有红叶可见，北海可以划船——虽然荷花已残，荷叶可还有一片清香。衣食住行，在北平的秋天，是没有一项不使人满意的。

冬天，我还没有打好主意（zhǔyi），成都或许相当得合适，虽然并不怎样和暖，可是为了水仙，素心腊梅，各色的茶花，仿佛就受一点儿寒//冷，也颇值得去了。昆明的花也多，而且天气比成都好，可是旧书铺与精美而便宜的小吃远不及成都那么多。好吧，就暂这么规定：冬天不住成都便住昆明吧。

在抗战中，我没能发国难财。我想，抗战胜利以后，我必能阔起来。那时候，假若飞机减价，一二百元就能买一架的话，我就自备一架，择黄道吉日慢慢地飞行。

节选自老舍《住的梦》

作品 59 号

我不由得（bùyóude）停住了脚步。

从未见过开得这样盛的藤萝，只见一片辉煌的淡紫色，像一条瀑布，从空中垂下，不见其发端（fāduān），也不见其终极，只是深深浅浅的紫，仿佛在流动，在欢笑，在不停地生长。紫色的大条幅上，泛着点点银光，就像迸溅（bèngjiàn）的水花。仔细看时，才知那是每一朵紫花中的最浅淡的部分，在和阳光互相挑逗（tiǎodòu）。

这里除了光彩，还有淡淡的芳香。香气似乎也是浅紫色的，梦幻一般轻轻地笼罩着我。忽然记起十多年前，家门外也曾有过一大株紫藤萝，它依傍（yībàng）一株枯槐爬得很高，但花朵从来都稀落，东一穗西一串伶仃（língdīng）地挂在树梢，好像在察言观色，试探什么。后来索性连那稀零的花串也没有了。园中别的紫藤花架也都拆掉，改种了果树。那时的说法是，花和生活腐化有必然关系。我曾遗憾地想：这里再看不见藤萝花了。

过了这么多年，藤萝又开花了，而且开得这样盛，这样密，紫色的瀑布遮住了粗壮的盘虬（pánqiú）卧龙般的枝干，不断地流着，流着，流向人的心底。

花和人都会遇到各种各样的不幸，但是生命的长河是无止境的。我抚摸了一下那小小的紫色的花舱（huācāng），那里满装了生命的酒酿，它张满了帆，在这//闪光的花的河流上航行。它是万花中的一朵，也正是由每一个一朵，组成了万花灿烂的流动的瀑布。

在这浅紫色的光辉和浅紫色的芳香中，我不觉加快了脚步。

节选自宗璞《紫藤萝瀑布》

作品 60 号

在一次名人访问中，被问及上个世纪最重要的发明是什么时，有人说是电脑，有人说是汽车，等等。但新加坡的一位知名人士却说是冷气机。他解释，如果没有冷气，热带地区如东南亚国家，就不可能有很高的生产力，就不可能达到今天的生活水准。他的回答实事求是，有理有据。

看了上述报道，我突发奇想：为什么没有记者问："二十世纪最糟糕的发明是什么?”其实二〇〇二年十月中旬，英国的一家报纸就评出了“人类最糟糕的发明”。获此“殊荣（shūróng）”的，就是人们每天大量使用的塑料袋。

诞生于上个世纪三十年代的塑料袋，其家族包括用塑料制成的快餐饭盒、包装纸、餐用杯盘、饮料瓶、酸奶杯、雪糕杯等等。这些废弃物形成的垃圾（lājī），数量多、体积大、重量轻、不降解（jiàngjiě），给治理工作带来很多技术难题和社会问题。

比如，散落（sànluò）在田间、路边及草丛中的塑料餐盒，一旦被牲畜（shēngchù）吞食，就会危及健康甚至导致死亡。填埋废弃塑料袋、塑料餐盒的土地，不能生长庄稼（zhuāngjia）和树木，造成土地板结，而焚烧处理这些塑料垃圾，则会释放出多种化学有毒气体，其中一种称为二噁英的化合物，毒性极大。

此外，在生产塑料袋、塑料餐盒的//过程中使用的氟利昂，对人体免疫系统和生态环境造成的破坏也极为严重。

节选自林光如《最糟糕的发明》

第五章 说 话

第一节 说话概述

说话是普通话水平测试的最后一项，限时3分钟，共40分。时间长、分值大，是最难训练和把握的一项。很多考生通过一段时期的训练之后，读单音节字词和多音节词语语音的准确度得到了很大的提高。可到了说话部分，在需要兼顾内容和流畅度的情况下，语音的准确度就下降了，方音就暴露出来了，而且方言中的语法也会不自觉地“溜”出来。所以，说话部分是最能反映考生真实的普通话面貌的，同时也是令很多考生最头疼的部分。

根据《普通话水平测试大纲》（教育部、国家语委发教语用〔2003〕2号文件），说话的目的是测查应试人在无文字凭借的情况下说普通话的水平，重点测查语音标准程度，词汇、语法规范程度和自然流畅程度。即自然流畅地说普通话的规范程度。说话的话题从《普通话水平测试用话题》（共30个）中选取，考生需从给定的两个话题中选定一个，连续说一段话。该测试项要求考生单向说话。如发现考生有明显背稿、离题、说话难以继续等表现时，主试人应及时予以提示或引导。

第二节 说话的注意事项

一、尽量口语化

普通话水平测试的说话并非阅读、朗诵，也不是演讲，而是以自然的方式进行谈话，只不过这种谈话并非双方的交谈，而是单项的讲述。所以说话一定是以自然的口语来表达口语化的内容。这就要求考生在说话过程中要尽量放松，避免因紧张而造成的语言不自然。说话过程中要投入情感，重视内容，不需要过多地遣词用句，切忌追求优美，自然地用口语表达即可。此外，由于口语表达的特点，考生应多用短句、散句，少用长句和整句，避免用过于书面化的词语和句式，比如复杂的修饰语和欧化的句子等。以下是说话的两个例子：

我尊敬的人

认识倪祥和教授是在我大学毕业分配到阜阳师范学院中文系任教后的一个初秋，平常的日子，平常的相识，平常的记忆。远远地听别人说起他的种种事情，由于距离，终究是淡淡地关注……

我的梦想

无边的夜在我的思想里延伸，成为我思绪飞翔的载体，回忆一些想忘记却无法忘怀的人和事。重演那些快乐和不快乐的经历，感受内心所要感悟的，憧憬着零点过后的明天……认识就像一本无字天书，对于每个人都会有不同的答案。追忆似水年华，错过了很多，错过了才知道珍惜……

以上两个例子是出自《普通话学习与水平测试教程》[①] 的说话范文，该书作者对这两篇说话文章给予了好评，但是我们可以看出，这两篇文章都是采用过于书面化的表达方式，如果以写作的角度来评论，这些文章都是可以接受的，甚至是优秀的。但这两篇例文中都包括很多书面词语（思绪、追忆、憧憬等）以及书面句式（“认识倪祥和教授是在我大学毕业分配到阜阳师范学院中文系任教后的一个初秋”等）。从说话的角度考虑，这样的语句就过于书面化了，难免会有背稿的嫌疑。

---

① 胡习之主编：《普通话学习与水平测试教程》，北京：清华大学出版社 2007 年版。

二、保证流畅和连贯，不缺时

自然流畅程度在说话中占 5 分，虽然并不是很多，但是因为说话是主观性很强的测试项，流畅度直接决定着表达效果，影响测试员对考生整体语言风貌的判断。而且如果考生说话不流畅、不连贯，很容易导致说话无法进行下去，达不到 3 分钟的时间要求，所扣分数就会很多。所以流畅和连贯在说话中尤为重要，那么如何保证说话的流畅和连贯呢?

第一，因为测试大纲中规定语音的标准度占 25 分，所以很多考生在说话过程中，把大部分注意力集中在监控自己的语音方面，导致紧张忘词、速度过慢、不流畅、不连贯。所以在说话阶段，考生应该稍微放松对语音标准度的监控，不要因为语音错误而多次反复。先保证自己有话说，能够将说话连贯地进行下去。

第二，熟悉全部说话的话题，保证抽到每一个话题都有话可说。普通话水平测试的说话话题共有 30 个，都是贴近日常生活和个人的话题，所以只要做好准备，就不存在无话可说的情况。有关具体如何准备 30 个话题，我们会在第三节介绍。

第三，关于说话的完整性。如果能够达到 3 分钟内说一段完整的话当然很好，有开头也有很好的收尾，但这样的表达难度很大，对内容的容量，以及时间的把握都要很准确。所以，为避免说话时忘记内容导致时间不够，考生最好准备超过 3 分钟的内容，说话可以进行到考官提醒或机器显示时间已到为止，这部分并不会因为内容不完整而扣分。

第四，说话时应减少同一句话的重复，尽量减少冗余成分。有作用的重复是为了强调，不算是啰唆，但机械无意义的一定要避免。比如重复一句话末尾的几个音节，语气词“啊”、“嗯”、“哦”、“啦”等。还要避免一些口头禅，如“然后”、“跟着”、“那么”、“完了吧”等。

三、切忌背稿，准备万能话题要注意关联度

很多考生觉得说话部分很难，所以考前做了“充分”的准备。针对每一个话题都写好一篇短文，并且反复诵读达到了能够背诵的程度。考试时自然流畅连贯，但是测试员一听就知道考生是在背稿子，这样即便内容是真实的也一定会扣分。另外，很多考生会准备万能稿，一篇文章应付多个话题。这样确实可以大大减少准备的工作量，也能够增强对文章的熟悉程度。但我们提醒考生使用万能话题要慎重。比如，测试话题中有 3 个与人物有关的题目，分别是“我的朋友”、“我尊敬的人”、“我喜欢的一个明星”。有考生以球星姚明为题准备了一个万能题目，当抽到“我的朋友”这一话题时他的开头是：

我的朋友是姚明。虽然很多人可能会说他是个明星，你都不认识他，怎么可能跟他是朋友？但是我了解他的生活习惯，他的身高体重，他的每一场比赛。在我心里，我们早就已经是朋友了。

相信“身经百战”的测试员听到这样的开头就已经明白了你是属于万能话题型选手。准备万能话题不能太过牵强，一定要注意关联度。比如“我的理想”和“我喜欢的职业”这两个话题关联度很强，可以准备“我的理想是当一名教师”，也可以适当修改变成“我喜欢的职业是教师”。另外，考生准备的某个故事却是可以为多个话题服务的，也就是说可以充当不同话题的事例。所以，我们主张尽量紧扣话题，相关的话题之间可以共用一两个事例或故事，但不能多个话题全篇雷同。

四、注意方言词汇和语法

词汇语法规范程度在说话的评分中占 10 分。如果说说话中方言语音很难控制的话，比较而言，方言的词汇和语法还是可以在准备过程中尽量避免的。方言词汇和语法很多，但是容易出错的多集中在日常生活中的一些词汇和表达

方式方面。很多粤方言区的考生并不知道某些词汇其实是方言的，某些句式表达在普通话中是不规范的用法。下面是一些例子（括号外为掺入粤方言的常见错误，括号内为普通话）：

（一）词汇

1. 单音节与双音节的区别

袜（袜子）、裤（裤子）、衫（衬衫）、杯（杯子）、眉（眉毛）

2. 语素顺序不同

鸡公（公鸡）、兵士（士兵）、紧要（要紧）、猫仔（小猫）

3. 常用动词短语的区别

踩单车（骑自行车）、冲凉（洗澡）、打边炉（吃火锅）、落雨（下雨）、拍拖（谈恋爱）、钟意（喜欢）、饮茶（喝茶）、煲汤（煮汤）、剃须（刮胡子）

4. 量词的区别

一条锁匙（一把钥匙）、一餐（顿）饭、一架单车（一辆自行车）、一张（把）刀、一对（双）鞋、一道（座）桥、一班（伙）人

5. 其他常用词汇

肥佬（胖子）、粉擦（板擦）、青瓜（黄瓜）、锁匙（钥匙）、波鞋（运动鞋）、靓（漂亮）、怕丑（害羞）、收工（下班）

（二）语法

1. 语序

你走先。（你先走。）

你买多一些。（你多买一些。）

你好大力。（你力气很大。）

我给钱你。（我给你钱。）

2. 比较句

我的作业多过他。（我的作业比他多。）

他高过我。（他比我高。）

3. 重叠式

这菜好好吃啊！（这菜真好吃啊！）

她的脸红红。（她的脸很红。）

饭菜喷喷香！（饭菜香喷喷！）

他写得认认真。（他写得认认真真。）

4. 文言色彩

几多钱？（多少钱？）

请赏面。（请赏脸。）

我同他一起去。（我和他一起去。）

5. 时间表达

一个钟（一个小时）、三点两个字（三点十分）

6. “有”字句

你有看这部电影吗？（你看过这部电影吗？）

我有看。（我看过。）

这件事我有听过。（这件事我听过。）

所以考生在准备话题时，如果涉及相关的词汇和语法表达应提前进行对比，重点标注，以免在说话测试中被扣分。

除此之外，在说话过程中也应尽量避免使用网络词语和表达方式，如“帅锅”、“美眉”、“有木有”、“坑爹”、“伤不起”、“肿么办”、“神马都是浮云”等；同时，因为普通话测试考查的是使用汉语普通话的标准程度，所以考生应尽量避免使用英文，如 KFC（肯德基）、E－mail（邮件），party（晚会）、小 case（小意思）、有事 call 我（有事给我打电话）等。

五、速度与时间掌控

朗读一篇作品，一般 3 到 4 分钟，450 个音节，每分钟 200 字左右。说话的速度一方面要取决于说话的内容，同时也要看说话的流畅度。说话时长 3 分钟，按每分钟 200 字来算，至少要准备 600 字，为了避免紧张引起的忘词或忘记段落，最好准备 700 字左右的内容。考生在说话过程中要根据说话内容适当调节语速，掌控时间。前面已经提到，说话应进行到考官提醒或机器显示时间已到为止，也就是宁可多说，也不能提前停止。

说话是一种表达，必然会在其中体现说话者的情绪，适当的点头微笑、手势都是表达的辅助手段，是可以的。但也有同学在说话过程中太过投入或放松，说到尽兴处自己不自觉地大笑、生气或难过等，这些都是在说话中不可避免的情绪，但是尽量不要影响到自己的语言表达和发音的准确性。

第三节　说话题目的分析与准备

普通话水平测试的说话题目共30个，分别为：

1. 我的愿望（或理想）
2. 我的学习生活
3. 我尊敬的人
4. 我喜爱的动物（或植物）
5. 童年的记忆
6. 我喜爱的职业
7. 难忘的旅行
8. 我的朋友
9. 我喜爱的文学（或其他）艺术形式
10. 谈谈卫生与健康
11. 我的业余生活
12. 我喜欢的季节（或天气）
13. 学习普通话的体会
14. 谈谈服饰
15. 我的假日生活
16. 我的成长之路
17. 谈谈科技发展与社会生活
18. 我知道的风俗
19. 我和体育
20. 我的家乡（或熟悉的地方）

21. 谈谈美食
22. 我喜欢的节日
23. 我所在的集体（学校、机关、公司等）
24. 谈谈社会公德（或职业道德）
25. 谈谈个人修养
26. 我喜欢的明星（或其他知名人士）
27. 我喜爱的书刊
28. 谈谈对环境保护的认识
29. 我向往的地方
30. 购物（消费）的感受

普通话水平测试中的说话项属于命题说话，审题要求相对宽松，也就是说只要考生大体上围绕着话题说话就可以。而且，普通话水平测试中的说话话题开放，贴近生活，如果应试人选择与自己密切相关的真实事例，一般不会出现无话可说的情况。但是考生在准备过程中还是要注意以下三个问题：

第一，话题分类。很多参考教材将以上的30个话题从不同角度进行了分类，有的分为谈论人、谈论事、谈论物、谈论感受等；有的分为记叙文、说明文、议论文等；还有的将相关的话题综合在一起进行分类。这些处理都有一定的科学性和实用性，考生可以根据自己准备的内容和实际情况选取不同的分类或者将几种方法综合采用。但是需要指出的是，普通话水平测试并没有硬性要求哪些话题必须使用记叙文，哪些必须使用说明文或议论文，所以考生无须局限于此。一般说来，记叙文比较容易准备，也是说话过程中表达比较流畅的一类，所以考生可以尽量选取记叙的表达方式。有些看上去应该使用议论文体，如“谈谈个人修养”、“谈谈对环境保护的认识”等，考生也可以通过举例讲述某个人的某种行为或某件事来表述。

第二，内容结构。对说话话题的内容准备，大多可以分为三段，分别为“是什么”、“为什么”、“什么事”。比如“我尊敬的人”这一话题就可以这样准备：你尊敬的人是谁？为什么尊敬他/她？他/她做了什么事？再如“谈谈个人修养”，也可以从这三方面准备：你觉得个人修养指的是什么？为什么要重视个人修养？哪些事情体现出了个人修养？（可以是具体的你认识的某个人的事情，也可以是社会上的一些时事热点等。）

第三，真实详细，事件为主。准备说话话题时要尽量以真人真事为基础，尤其是自己熟悉的人和事。如果背诵一些参考范文，很容易在紧张的情况下忘记某一段落，甚至脑海一片空白。因此，以自己熟悉的真人真事为基础，即使忘记了一部分，也能够从自己的记忆里迅速寻找下一个切入点。另外，为了避免忘记和缺时，准备时尽量详细。以“我的朋友”为例，很多考生往往觉得自己对于某个人特别熟悉，可是描述了一下外貌，简单地说了几个表达性格的词语之后，就说不下去了。当被提醒说说你们之间发生的事情时，只说我们之间有很多事，却说不出一件详细的事情。因此考生在准备话题时应尽量以事件为支撑，也就是以“讲故事”为主线，而且为了保证不缺时，还要准备几个备用事件。

综合以上几个方面，我们整理了30个话题的准备提纲，供考生参考。

1. 我的愿望（或理想）

每个人的愿望和理想都不同，考生应尽量从自己的实际出发，才能保证有话可说。

（1）我的愿望是当一名教师。

此话题与“我喜欢的职业”相关性比较大，可以联系起来准备。

（2）想要当一名教师的原因。

此处可以先采用议论的角度谈原因，如教书育人的成就感、教师的社会地位和薪酬、自己的性格和优势、家庭环境（如果家里有人从事这项工作）等。

（3）讲述自己喜爱的一位老师。

通过具体详细的事件描述，表达你希望自己将来能够像他/她一样。正是这位老师使你有了当一名教师的愿望。此处可与“我尊敬的人”相联系。

以上三处如果准备充分可以达到3分钟，此外还可以准备教师要求哪些素质，自己为了实现这一理想做了哪些准备等等。

备选：职业方面（医生、科学家、明星、开一家公司等）、学业方面（考取研究生、考取博士、出国留学等）、兴趣爱好方面（环游世界、出一本书、发明一种产品等）。

2. 我的学习生活

此话题可以讲述自己从小到大的学习生活，也可以讲述自己某一阶段的学习生活，可以是现在，也可以是最快乐的或者最辛苦的阶段。以讲述从小到大的学习生活为例。

（1）总述：从小到大我经历过不同的学习生活，学习生活是我迄今为止生命中最长也是最重要的内容。

（2）分述：小学的总体感觉（轻松、快乐、无忧无虑，可以与现在的小学生相对比），在哪里读的，学校的整体环境，有哪些课程，上课的方式，印象最深的课程和老师，小学学到的一些印象深刻的内容。

初中、高中、大学套用上面格式，以此类推，也可以适当地进行对比。比如初中课程方面增加了物理、化学、历史、地理，授课方式的改变等，心理方面（感到成绩的重要性，自己的成绩如何），以及同学关系、师生关系等；高中课程压力变大、文理分科、题海战术、准备高考、师生关系、同学关系等；大学填报志愿、专业课程、学习方式的转变，离开家乡、住校、宿舍生活，师生关系、同学关系等。

（3）总结：可以以现在的学习生活结尾，也可以总结自己最喜欢的那段学习生活，觉得哪一段学习生活最辛苦，或者如果能够回到过去，你要改变哪一段学习生活等。

备选：某一阶段的学习生活、最快乐的一段学习生活、最辛苦的一段学习生活。

3. 我尊敬的人

值得尊敬的人很多，考生应尽量选择自己身边的或熟悉的人来准备。

（1）我尊敬的人是我的妈妈。

（2）尊敬妈妈的原因。

此处可以分两部分，一是妈妈自己的成就，二是妈妈对我的恩情。

妈妈的工作：在工作中妈妈的表现，取得了哪些成绩，同事们的评价；如果妈妈是家庭主妇，那么可以说妈妈在这方面的能力，比如做饭，孝顺爷爷奶奶，与邻居的关系等，针对其中一点举实例说明。

妈妈对我的恩情：可以先总述妈妈从小到大对我的爱护和照顾，为我付出了多少。然后通过具体的最难忘的、最感动的一两件事来阐述。

（3）总结：表达自己对妈妈的尊敬和感恩之情，以及今后自己要以妈妈为榜样如何去做，或者要如何回报妈妈。

备选：亲人（父母、爷爷奶奶、兄弟姐妹等）、老师、工作中的上司或同事等。

4. 我喜爱的动物（或植物）

这一话题最好选择自己养过的一种动、植物，以备第三部分能够讲出一两件事情。

（1）我喜欢的动物是狗。

（2）我喜欢狗的原因。

此处可以谈论狗的特点：忠诚，看家护院；小狗可爱，是孩子们的好玩伴；还有导盲犬、牧羊犬的作用等。

（3）与狗相关的事情。

“我喜欢狗还因为我曾经养过一只狗，这只狗是我在马路上捡来的……”描述狗的外貌、特点，你们的关系如何，你们之间发生的一两件事情。

（4）扩展：如果时间还没到，也可以讲一些相关内容，比如狗也有很多问题：咬人，到处排泄粪便引起脏乱等；还可以根据自己养狗的经历，给准备养狗的人提一些建议；甚至可以针对当前一些虐狗、杀狗的事件谈论自己的看法等。

备选：动物（狗、猫、马等）、植物（果树、各种花等）。

5. 童年的记忆

（1）综述：人们都说童年是人的一生中最美好的时光，很幸运，我也拥有这么一段美好的童年。

（2）我的童年是什么样的。家庭成员、生长的环境、经常玩的地方（此处可与“我的家乡”相联系）、喜欢的玩具、常玩的游戏、小伙伴等等。

（3）童年发生过什么事？举一两件印象深刻的事情，如爷爷奶奶讲的故事、和小伙伴们玩的一次游戏、爸爸妈妈给我过生日、童年的一次旅行（此处可与“难忘的旅行”相联系）、第一次去学校上学、第一次一个人在家过夜、学骑自行车/游泳（此处可与“我和体育”相联系）等。

（4）扩展：童年的经历对我后来成长的影响等。

6. 我喜爱的职业

（1）我喜欢的职业是医生。

（2）喜欢医生这一职业的原因。

可以谈论医生的社会价值和社会地位、自己的家庭环境（如果有家人从事这一行业的）、自己对医学的兴趣、自己所学专业等。

（3）与医生有关的事情。

可以讲述自己或自己身边的人治病的一段经历，如：

我喜欢医生这一职业，是因为我遇到过一个很好的医生……

我的朋友也遇到过一个很好的医生……

（4）扩展：如果考生对这一职业有所了解，也可以谈谈该领域的发展，比如医学现在在研究的热点问题；或者谈一谈当前这一职业出现的一些问题，比如医生的职业操守问题、医患问题等等。但注意要用简单的方式表达，避免使用过多的专业化的术语。

备选：教师、律师、导游、会计师、翻译、心理咨询师、人力资源专员等。

7. 难忘的旅行

针对这一话题，考生应尽量以现实生活中的真实旅行为素材。有些考生为了求新，讲述心灵的旅行、情感的旅行等，没有以现实的实地实景为基础，往往说不下去，甚至有离题的嫌疑，所以针对这一题目，还是应事先做好准备。

（1）介绍这次旅行的时间、地点、人物。

（2）这次旅行难忘的原因。

具体描写旅行路线、旅游景点、山川景色、人文景观、风土人情、特产美食等。

（3）旅行中发生的难忘的事。

这里一般直接按照时间顺序来叙述旅行的经过，最好多准备几个故事，旅行中认识了某个人，讲述你们之间发生的故事；或者旅行中参与了某种活动，比如去少数民族地区参加了某个仪式等；以故事贯穿整个旅行，也可将前面提到的景点特色等穿插在讲故事当中。

备选：毕业旅行、全家旅行、第一次一个人旅行、出国旅行、和朋友的一次旅行（可与“我的朋友”相联系）。

8. 我的朋友

讲述自己的朋友是比较容易的话题，考生只要选取现实生活中的朋友进行讲述就可以了。既可以只介绍一个朋友，也可以介绍一些朋友。

（1）介绍朋友的基本情况。如我的朋友是谁？如何认识的，怎样成了朋友？

（2）介绍朋友的个性特征等。这个朋友是什么样的人？朋友的外貌、性格甚至家庭等都可以介绍。

（3）我和朋友之间的二三事。

可以选取他/她如何帮助你或你们之间互相帮助的事情；也可以选取你们一起做过的一些事情，比如一起进行的一次旅行、一起参加的一项体育运动等；还可以选取你们吵架、闹矛盾的故事。

（4）扩展：如果只准备一个人，那么就要多准备一些事例。当然，也可以多准备几个人，说完一个人之后，可以自然过渡，如“除了××之外，××也是我的好朋友……”然后按照前面的模式介绍。

很多考生会把这一部分与“我尊敬的人”联系在一起，比如说我的朋友就是我的妈妈，这样也可以，但是应尽量选取能够体现你们之间的朋友关系而非你尊重妈妈的事例，避免离题和背稿的嫌疑。

备选：我童年的朋友、某个同学、旅友、一起参与某种体育运动的朋友等（这几个话题分别可与“我的童年”、“我的学习生活”、“难忘的旅行”和“我和体育”等话题相联系，共用其中的一两个故事）。

9. 我喜爱的文学（或其他）艺术形式

文学和艺术形式很多，以小说为例。

（1）我最喜欢的文学形式是小说。

（2）最喜欢的一本小说及喜欢的原因。

如果你对这部小说很了解，可以从小说的写作时间、写作背景、作者等方面切入，然后介绍这部小说的内容，讲述了怎样的故事，小说中有哪些人物，他们之间是什么关系。如果这部小说比较小众，那么考生就有机会将读过的小说故事情节正当地变成自己讲故事的素材。如果这部小说是家喻户晓的《红楼梦》、《西游记》等，那么，简单带过故事情节，可以更多地谈谈自己喜欢其中的哪个人物、喜欢其中的哪段情节以及自己阅读这部小说的感受、这部小说带给自己的改变等。

（3）谈谈阅读这部小说期间发生的一些故事，比如上学期间，很多学生每天晚上躺在床上读小说，时间长了，导致近视；或者课上偷偷放在书桌里读，被老师发现，受批评等。

（4）扩展：可多准备两部小说备用，如"除了《红楼梦》，我还喜欢林语堂的《京华烟云》……"

备选：文学形式（诗歌、对联、散文、戏剧等）、美术（国画、油画等）、音乐（流行、摇滚、爵士、古典等）。针对文学形式中的诗歌、对联等，考生可以适当地准备一些，测试时背诵出来。

10. 谈谈卫生与健康

这一题目主要是谈论卫生与健康的关系。考生在概括它们之间的关系之后，还应该举例子来支撑整个说话。

（1）总述：从小父母和老师就告诉我们要讲卫生，"饭前洗洗手，饭后不乱跑，清洁又卫生，身体长得好"，讲卫生，少得病。

（2）举例：但也有句俗话说"不干不净，吃了没病"，我也老拿这句话当借口，可是有一次，我是真的因为不讲卫生吃了亏。我一直很喜欢吃路边的烧烤……

（3）所以从那以后，我就特别注意卫生了……（如买来的水果一定要仔细地洗过才吃，饭前便后一定洗手，勤洗衣服、勤剪指甲……）

（4）扩展：整个社会的卫生与健康以及食品安全问题等。如不良生产商在不卫生的条件下生产食品；公民卫生习惯不好，如随地吐痰、让宠物随处大小便等，也可以针对这些现象提出自己的建议。

11. 我的业余生活

这个话题要求考生介绍自己除了正常工作和学习之外所参与的各种活动，考生可以介绍自己的课外学习、体育锻炼、旅游、与朋友交际等活动。

（1）总述：我现在是一名大学生，除了完成课业之外，我还有很多可以自由支配的时间。我的业余生活很丰富，平时不上课的时候我通常都参加体育锻炼；如果遇上“五一”、“十一”等长假，我会和朋友一起去省内外旅游；寒暑假的时候我会参加一些培训班，多学习一点知识；当然，还有很重要的一项就是我会在课余和我的朋友们聚在一起，吃吃饭、唱唱歌、聊聊天……

（2）课外学习：我除了完成正规的课程之外，还自己报名参加了课外培训班，比如去年暑假我参加了学校举办的暑期韩语培训班，这次培训班……

（3）体育锻炼：我喜欢游泳，我每个星期都去学校的游泳池游泳，有一次……（此处可与“我和体育”相联系）

（4）旅游：我业余生活的很大一部分是旅行，我几乎每个长假都会去一个地方，比如今年的国庆节我去了丽江……（此处可与“难忘的旅行”相联系）

（5）交际：没有课的时候，我总喜欢和朋友们在一起，有的时候就两三个朋友聊聊天，有的时候一群朋友一起。有一次……

备选：课外阅读、课外文娱活动（唱歌、跳舞、画画、书法、下棋等）、公益活动、逛街购物等。

12. 我喜欢的季节（或天气）

相信我们都被问过最喜欢哪个季节，或者喜欢晴天、阴天还是雨天，所以对于这一话题大多数考生应该也不会陌生。但是如果要用3分钟回答这个问题也不容易。以“我最喜欢的季节是冬天”为例。

（1）总述：“春有百花秋有月，夏有凉风冬有雪”，每个季节都有自己的特色，我最喜欢的季节是冬天。

（2）为什么喜欢冬天？人们对于冬天的描述和评价，自己眼中的冬天是什么景象，可以联系自己的家乡和生活的地方，冬天里动物、植物以及人们都有什么不同的表现，冬天里可以从事哪些活动等。

（3）在冬天里发生过什么事？比如我出生在冬天，听父母讲过自己出生时的天气和情况，也可以讲述自己在冬天认识了某个人，或者讲述自己在冬天进行的一两项活动，比如打雪仗、堆雪人、冬泳等。

（4）扩展：我第二喜欢的季节是夏天……

备选：四个季节、阴天、雨天、晴天等。

13. 学习普通话的体会

（1）总述：学习普通话的原因。

普通话的重要性：普通话是现代汉语的标准语，是沟通不同方言区人们的桥梁，是全国人民统一的语言。普通话对于工作和生活有重要的意义。第一，工作方面。比如要从事播音主持、话剧演员等工作，需要参加普通话水平测试，具备一级以上水平；要从事教师行业，需要具备普通话二级以上水平。第二，生活方面。现在交通发达、城市之间联系更紧密，人们经常会外出到不同的城市工作、旅游等，要想更好地交流、沟通，就需要用到普通话。

（2）学习普通话的体会。

什么时候开始学习普通话？在哪里学习？课堂、培训班，还是自学？你觉得学习普通话难不难，和你之前想的一样吗？在学习过程中发现了自己的普通话存在哪些问题？（如声母、韵母、轻声、儿化等）哪些部分对自己来讲是最难改正的？准备普通话水平测试时哪项对你来说是最困难的？比如很多同学读单字和词语也都能达到基本标准，但是朗读和说话带有很浓的“港台腔”等。

“天不怕、地不怕，就怕广东人说普通话”，我在学习普通话的过程中深刻地体会到了这一点。我觉得对我来说最困难的发音是平翘舌音……

（3）扩展：讲讲学普通话过程中因普通话不标准闹过的笑话，或发生的一两件趣事。

14. 谈谈服饰

针对这一话题，考生可以从以下几个角度展开：服饰在现代社会的重要性（如不同场合对服饰的要求），服饰流行时尚的变化，如何穿着得体以及自己对名牌、奢侈品的看法等。

（1）服饰的重要性：俗话说，“三分长相，七分打扮”，现代社会人们越来越注重服饰了。很多时候，我们看一个人的穿着，就能判断他的年龄、职业、地位、性格等。而且，在工作中，很多不同的场合要求穿着不同风格的服饰，说到这一点，我/我的朋友还闹过一个笑话呢……

（2）服饰的变化：以前的服装比较保守，现在的服装多元、开放，很多也非常暴露。作为年轻人，我们很愿意尝试新的服装打扮，可是我们的长辈却很难接受。我还记得我第一次穿超短裙去奶奶家的情景……

（3）如何穿着得体：人们对于购买和穿戴服饰的态度不一样，有的人勒紧裤腰带，只为买名牌，比如……有的人吃喝大手大脚，穿得却很邋遢，比如……我觉得，我们一定要根据自己的经济实力，量力而行。而且每个人的身材有差别，风格气质不同，我觉得要穿着得体美观，就一定要懂得搭配。我平时……如果有正式的场合，我会……

（4）扩展：讲讲自己身边的人和事，比如朋友们的穿衣风格，哪些人比较会着装打扮等；如果你比较关注流行服饰，还可以谈谈这几年的时装风尚变化等。

15. 我的假日生活

这个话题与“我的业余生活”关联度很高，可以相联系准备，大多数的事例都可以共用，只要尽量突出是假日的活动即可，具体提纲参见“11. 我的业余生活”。

16. 我的成长之路

首先简单介绍一下自己，概述自己的成长经历，然后针对成长过程中的一两件事情展开。

（1）总述。如：我今年 25 岁了。25 年来，我从一个小乡镇走到了广州这个大城市，从一个不懂事的小孩慢慢变成了一个大学生。成长的道路上肯定是有欢笑也有泪水，有收获也有挫折。

（2）概述自己某个阶段的成长，然后引出感受最深的事情：在成长的路上，给我印象最深的，也让我体会到“一夜长大”的就是高考……

小时候……后来我读初中的时候……再后来我上了高中……到了高考的时候，我突然第一次感觉到自己的命运掌握在自己手里，志愿表上的一笔就要决定我接下来几年，甚至一辈子的命运了……

（3）帮助自己成长的人：我的成长之路并不是一个人走的，有很多关心我、帮助过我的人，我的父母、老师、同学、朋友，他们都用自己的方式支持着我。

让我最感动的是我的妈妈……

给我印象最深的是我高中时的一位老师……（这两处可与“我尊敬的人”

相联系）

有一位陪我一起成长的好朋友，她/他叫……（此处可与“我的朋友”相联系）

17. 谈谈科技发展与社会生活

这个话题要讨论科技发展给社会生活带来的变化，比较偏向议论文，一般来讲，可以从正反两个方面来阐述。为了保证说话的流畅度和时长，还是应该在两个方面中加入一些事例。

（1）总述。如：邓小平同志说过，“科技是第一生产力”。从古到今，科技发展推动了人类社会从农耕社会过渡到工业社会，使人类的物质生活、精神生活都得到了极大的提高。

（2）正面论述：可以从吃、穿、住、行以及工作、娱乐、通信等方面来介绍，从中选取一方面举几个例子，“通信方面最能体现科技发展的要数现在的手机，以前的手机……现在的手机……拿苹果手机来说……”

（3）反面论述：虽然科技发展极大地提高了人们的生活水平，可是人们如果利用不当，也会出现一些问题，比如青少年沉迷于网络、人际交往能力差、一些新兴的疾病等。如“网络在现代社会中已经成为不可或缺的一部分，但是利用不当也会出现问题，比如青少年沉迷于网络的现象，令很多家长都非常头疼。我有一个表弟……”

（4）总结：无论如何，随着科技的发展，人们的社会生活一定也会越来越丰富。同时我们也要重视科技发展带来的问题，寻找方法尽量避免，让科技更好地为人类生活服务。

18. 我知道的风俗

中国的风俗很多，考生可以选取自己熟悉的一个或几个来谈。

（1）具体到一种风俗。如：说到风俗，我首先想到的是端午节，因为我非常喜欢吃粽子。我们家乡的端午节非常隆重，除了家家户户包粽子、吃粽子外，还会有赛龙舟的活动。有一年的端午节……（可以谈谈自己观看甚至参加的赛龙舟的活动）

（2）展开论述某种风俗。如：除了端午之外，我还很喜欢过中秋。大家都知道中秋节吃月饼、赏月，但是厦门还流行着一种中秋节博饼的习俗。有一年我跟父母去厦门旅游，正好赶上中秋节，所以就了解了这个当地特有的风俗……（可以介绍博饼的历史来源，博饼的玩法，当地人对于博饼的热爱程度，然后谈谈自己参加博饼这一活动的经历）

（3）扩展。如：当然，中国人最隆重的节日是春节。大体上来说，过春节贴对联、放鞭炮，北方人过春节吃饺子，南方人过春节吃年糕。但是在具体的过法上，各个地区也不同。我的家乡过春节一般是这样的……（可以将现在和过去过春节的方式进行对比）

备选：二月初二“剃龙头”、清明节扫墓、元宵节猜灯谜、四月初八逛庙会；结婚、送葬、生小孩；傣族的泼水节、彝族的火把节等。

19. 我和体育

（1）我是个爱运动的人，我最喜欢的体育项目是游泳。

（2）喜欢游泳的原因：

①我很喜欢水，喜欢泡在水里的感觉，我经常能够在水里待上几个小时；

②我喜欢游泳还因为游泳能够瘦身，而且能够塑造优美的线条；

③我喜欢游泳还因为游泳是一个人就能进行的活动，不像球类运动，总是需要约朋友一起。

（3）关于游泳的二三事。如：什么时候开始游泳？如何学会游泳的？游泳时发生了哪些事情？

我家在海边，所以小时候经常跟小伙伴们一起去海边玩。有几个大孩子会游泳，我很羡慕，经常吵着让他们教我。有一次……

或者：我家不靠海，附近也没有什么河，我从小就是个旱鸭子。后来到了大学，发现很多同学都会游泳，所以我这个旱鸭子也想下水了，于是我鼓起勇气报了个游泳学习班。第一次学习游泳我很紧张……

（4）扩展：除了游泳，我还经常打篮球。从初中开始，我就是我们学校篮球队成员。打篮球给我最大的一个收获就是让我懂得了什么叫团队合作，有一次……

备选：跑步、滑冰、打网球、踢足球、太极拳、跆拳道等。

20. 我的家乡（或熟悉的地方）

以“我的家乡是广州”为例。

(1) 总述：广州，又叫羊城，是广东省的省会，是华南地区政治、经济、文化的中心。

(2) 分述：

①广州的地理位置（广东中南部，隔海与香港、澳门相望，中国的第三大河——珠江从广州市区穿流而过）。

②广州的分区（天河区、越秀区、白云区、黄埔区等10区2市）。

③广州的语言（公共场合说普通话，主要方言是粤语，也有部分人说潮汕话、客家话等）。

④广州的美食（食在广州，粤菜：白切鸡、烧鹅、清蒸鲈鱼；广州的早茶文化、广州人擅煮汤等）。

⑤广州的文化（岭南文化：粤剧、岭南画派、岭南建筑、岭南园林、广雕、广彩等）。

⑥广州的景点：城市地标（广州塔、五羊石像、中信广场等）、旅游（羊城新八景、中山纪念堂、黄埔军校、华南植物园、从化温泉）、购物点（上下九商业步行街、北京路商业步行街、正佳广场等）、公园、花市等。

⑦广州的人们（广州的名人、广州的普通老百姓、自己的亲人和身边的熟人等）。

其中，美食、景点、人们都可以扩展出一两个故事，比如你的外地朋友来广州，你带他去吃广州美食，游览广州景点。

(3) 扩展：广州的历史变迁、政治经济、工农商业、教育、交通运输等。

21. 谈谈美食

针对美食，既可以从大处着眼谈南北饮食的差异，或者谈自己家乡的菜系，广东的考生也可以比较一下广东不同地区的菜式，当然也可以具体地谈一种美食、一道菜。2012年热播的《舌尖上的中国》也是一个不错的切入点。

以具体的一道菜为例。

(1) 总述：美食对于每个人来说一定是不同的，很多人对自己家乡的美食，或者特定的人做的美食具有深厚的感情，我也不例外。谈到美食，我首先想到的是清蒸鲈鱼。

(2) 与这道菜相关的人和事。讲述自己什么时候第一次吃到这道菜，这道菜是谁做的，这道菜的味道，以及与这道菜相关的人和事等。

（3）讲述这道菜的做法，包括准备的食材，每一道工序，以及注意事项等，还可以谈谈自己是如何学做这道菜的，学这道菜的时候发生了什么趣事等。

（4）扩展：还有一道菜也是我非常喜欢的……

备选：广东美食，如白切鸡、烧鹅、肠粉、撒尿牛丸、艇仔粥等，也可以介绍广州的早茶文化、潮汕美食等。

22. 我喜欢的节日

这个话题与“我知道的风俗”相关性很强，可以综合起来，选取一个中国传统节日，也可以选取从国外传入的节日，如圣诞节，当然也可以各选取一个来丰富内容。

（1）我喜欢的节日是什么。如：我喜欢的节日是圣诞节。

（2）喜欢的原因及在节日中发生过的趣事。

圣诞节是从国外“引进”的节日，很多长辈对这个节日并不感兴趣。我也是从初中时才开始过圣诞节的。初中的时候，开始学习英语，开始喜欢看欧美的电影，看到电影里一家人围在一起过圣诞节，圣诞树上挂满了礼物，外面飘着雪，屋里暖洋洋的，感觉很温暖，所以就很喜欢这个洋节日。那个时候，到了圣诞节，同学之间就会互相送贺卡、礼物，每次都很期待。有一年，我收到了很多礼物，其中有一件我一直保存到现在……

我喜欢圣诞节还因为圣诞节是我疯狂购物的节日。圣诞节原本是与耶稣有关，但是在中国这个节日更多地被商家利用了。每到圣诞节，商场就开始大促销、大减价，所以圣诞节期间我就变成了购物狂。有一年的圣诞节，我约了几个好朋友一起去商场购物……

（3）扩展：除了圣诞节，我还特别喜欢中国传统节日里的端午节……

备选：可以选取传统的春节、端午节、中秋节，也可以选取舶来的父亲节、母亲节、情人节、圣诞节、万圣节等。

23. 我所在的集体（学校、机关、公司等）

我所在的集体既可以是学校、公司，也可以是部门、班级、宿舍等，一般来讲，越小越具体的单位与自己的关系越密切，比较容易扩展自己与其中的成员发生的一些事情。

（1）我所在的班级。

我在××大学上学，我的专业是××，我们专业一共有××个班级，我在××班级。

（2）班级的总体情况：班级人数、男女生比例、班干部成员、班风、班级荣誉等。

（3）对班级的感情："我爱我的班级，我们班级的凝聚力很强，班级同学在一起互相帮助，互相关心，就像一家人一样。有一次……"（此处可以讲述班干部为班级同学服务的事情，也可以讲述班级同学帮助自己的事情，或者班级同学之间发生的事情，甚至与外班同学发生的事情等，尽量多准备几个事例以保证时长。）

备选：我的学校、我的宿舍、我的公司等。

24. 谈谈社会公德（或职业道德）

社会公德可以从文明礼貌、助人为乐、爱护公物、保护环境、遵纪守法等角度选取素材；职业道德可以从爱岗敬业、诚实守信、办事公道、服务群众、奉献社会、素质修养等方面来谈。

（1）社会公德（职业道德）的重要性。

以当前一些社会热点问题为切入点。如老人摔倒无人扶、医生见死不救、食品生产安全无法保证等，从这些问题中我们看到了……

（2）选取社会公德（职业道德）的一两点表现来举例。

我觉得要培养良好的社会公德首先要学会助人为乐，"送人玫瑰，手有余香"，帮助别人的同时，我们也在收获。还记得有一次……

我觉得职业道德中最基础的就是要诚实守信，老话说"一言九鼎"、"一诺千金"，无论是为政，还是从商，或是最基本的人际交往，诚信都是根本。但在现在的社会中，很多商家不讲诚信，我就遭遇过一次……（此处也可以从大学生考试作弊现象、诚信交友等方面来谈诚信）

（3）总结：如果社会上的每个人都有社会公德，每一个行业的工作者都坚守职业道德，那么我们的社会就会更加和谐。

25. 谈谈个人修养

（1）个人修养的定义。

我所理解的个人修养，就是一个人综合素质、综合能力的体现，既包括一个人的知识、艺术、思想达到的一个水平，又包括一个人的为人处世和待人接物。

（2）良好的个人修养的重要性及培养。

良好的个人修养是一个人成功的重要因素，它也会使人心情愉快、工作顺利、生活幸福。如果每个人都能不断提高自己的个人修养，那么就更有利于社会和谐、社会进步了。我觉得要提高个人修养，在日常生活中就要注意谦虚、宽容、感恩（可以就其中的一点举例展开）。

（3）有关谦虚、宽容、感恩的正反事例。

我觉得宽容在人们的日常生活中是非常重要的，俗话说，“退一步海阔天空”。有一次……

我觉得感恩是现在社会中人们缺少的一种修养，我在网上看到过一条新闻，一个留学日本的孩子因为母亲拒绝给他留学的学费和生活费，就在上海浦东机场用刀刺自己的母亲……

备选：诚信、谦虚、戒骄戒躁、不卑不亢、平和心态等。

26. 我喜欢的明星（或其他知名人士）

（1）我最喜欢的明星是谁。如：我最喜欢的明星是刘德华。

（2）喜欢这个明星的原因。

我喜欢刘德华，因为他很有才华。

他是一名出色的演员，演过 140 多部电影，还参演过很多电视剧，3 次获得香港电影金像奖最佳男主角，2 次获得台湾电影金马奖最佳男主角。他演的电影中，我最喜欢的是《无间道》……

他还是一名优秀的歌手，他是香港乐坛“四大天王”之一，吉尼斯世界纪录大全中获奖最多的香港歌手。他的歌中，我最喜欢的是《天意》，我第一次听这首歌是在高中的时候，那时……

我喜欢刘德华更因为他是个永远不停止奋斗的人……

我喜欢刘德华还因为他是个乐于奉献、热心慈善的人……

（3）扩展：准备几个其他的明星或知名人士，如“歌星、影星中我最喜欢的是刘德华，球星中我最喜欢的是姚明……”

备选：歌星、影星、球星、作家、画家、舞蹈家、主持人、学者、领导人等。

27. 我喜爱的书刊

这一话题与“我喜欢的文学形式”关联性很强，可以综合起来进行准备，区别在于书刊可以是某一部作品，也可以是一些杂志等。所以考生也可以以自己喜欢的杂志为素材，如《中国国家地理》、《青年文摘》、《读者》等。具体提纲参见“9. 我喜爱的文学（或其他）艺术形式”。

除此之外，还可以扩展谈谈自己阅读这种书刊的方式，比如从阅读纸质版到电子版的转变等。

28. 谈谈对环境保护的认识

谈环境保护既可以从大处着眼，如保护水资源、森林资源、珍稀动植物，减少空气污染，防止水土流失等；也可以从小处着手，如节约用水，减少一次性餐具、塑料袋的使用等；还可以联系最新提出的“低碳节能”谈谈自己的认识。

（1）保护环境的原因。

人类只有一个地球，一直以来人类不断地从大自然中获取原材料和能源，我们的生活水平提高了，但是大自然也遭到了很大的破坏。如果我们继续这样只索取、不保护的话，我们唯一的家园也将不复存在。（此处可以展开列举全球环境破坏的一些实例，也可以针对自己家乡或居住地的自然环境变化展开讨论）

（2）保护环境的方法。

“保护环境，人人有责。”其实，我们能做的很多。比如尽量不开私家车，乘坐公共交通工具，路途短的话尽量骑自行车，或者走路，这样既可以减少碳的排放量，又可以锻炼身体；再比如尽量不使用一次性餐具，像我们大学生就可以用公共餐具在食堂吃饭，或者自己带饭盒到食堂打饭；还有，“限塑令”的提出也是一个非常好的办法，我们购物的时候应该自备购物袋，减少塑料袋的生产和使用；还有纸张双面打印……

（3）我做过的保护环境的事情。

我是一个热衷环保的人，我除了在自己的日常生活中坚持环保之外，还参加了我们学校的环保社团，我们经常组织一些环保的活动。有一次……

（4）总结：我会继续坚持环保活动，也希望全社会都能够积极参与环境保护，建设更美好的家园。

29. 我向往的地方

向往的地方既可以是自己生活过的地方、旅游去过的地方，也可以是自己没有去过、很希望去的地方。（此话题可与“我的家乡”和“难忘的旅行”相联系，但注意侧重点有所不同）以“我向往的地方是西藏”为例。

（1）我向往的地方是西藏。

（2）我向往西藏的原因。

××年我和朋友旅游，去过一次西藏，虽然只待了几天，但是从那以后我就爱上了西藏。

（3）介绍西藏的自然风光、人文景观，西藏的风土人情，西藏的饮食文化，西藏的宗教色彩，西藏人的生活，在西藏发生的事情……［具体提纲可参考“20. 我的家乡（或熟悉的地方）”、“7. 难忘的旅行”］

（4）扩展。

自己希望将来在什么时间、什么情况下再去西藏旅游或定居。

30. 购物（消费）的感受

购物（消费）的感受可以是购物时的心理感受，如快乐、满意、后悔、痛苦、累等，可以介绍一次令自己满意或难过的购物经历；也可以谈谈你对消费方式的一些看法和体会，比如网购消费。

（1）直接心理感受：有的人高兴了去购物，有的人伤心了去购物。我是属于典型的后者，只要一有什么烦心事，我就抓起钱包去购物。不过消费后的心情有时好，有时坏，主要是看我买的东西是不是称心。有一次，我失恋了，哭了三天之后，我就抓起钱包，奔向商场……

（2）消费的体会：以前要购物，总是要留出一个周末，列好清单，从一个商场逛到另一个商场，看样式、比价格、试穿、试用、讨价还价，一天下来，回到家累得半死。现在有了网络，加上快递业务的迅速发展，几乎所有东西都可以在网上买。淘宝有一句广告词，“没人上街，不等于没人逛街”，说得很到位。网购虽然是新兴的，但已经占据了很大的市场。网购有很多优点，当然也有一些不足之处。

优点：不用出门，网上购买，快递送货上门，省时、省力、省交通费；价格便宜，款式多样，多家店铺，方便比较；购物评价可以让你参考其他已购顾客的反馈信息等。

不足：网上以图片为主要信息来源，难辨真假；不能试穿、试用，无法真正体验产品是否合适；网上交易存在安全问题等。

（3）扩展：谈谈自己的第一次网购，“我现在已经是网购大军中的一员，也经常推荐朋友网购，不过我第一次网购时还是很担心的。我第一次网购是在读大学的时候……”

第六章　计算机测试注意事项

从2010年开始，广东省的普通话水平测试开展计算机辅助测试，应试人在参加测试前应对普通话水平计算机辅助测试的基本程序有所了解，并提前准备，以便能够沉着应对。下面是对普通话水平计算机辅助测试的基本程序的介绍。

第一节　考前准备

一、熟悉考试内容

考生报名参加普通话水平测试后，首先要对普通话水平测试的内容有初步的了解，如应该知道测试分为四个部分：第一部分是读单音节字词，限时3.5分钟；第二部分是读多音节词语，限时2.5分钟；第三部分是朗读短文，限时4分钟；第四部分是说话，时间不得少于3分钟。

其次，可以了解一下评分标准，做到心中有数，尽量将扣分降到最低程度。测试内容和评分标准前面都已经进行了详细的介绍，此处就不再赘述。

再次，有条件的话，考生可以参加一次模拟测试，找出自己的语音缺陷，把握自己的语音面貌，进行有针对性的训练和提高。

普通话的提高不是一朝一夕的功夫，掌握后必须多读多练，持之以恒，才能有实质性的进步。

二、熟悉考试环境及流程

1. 候测室

参加普通话水平测试的考生应比规定测试时间提前30分钟到候测室报到。

测试时间前20分钟，考务人员通知考生准备测试，考生交验准考证和身份证（或学生证）后，了解《考生须知》。在考务人员的引领下做现场摄像后，进入备测室。

2. 备测室

在备测室领取试卷后，考生有15分钟的时间准备测试，然后上机进行正式测试。这样可以充分提高计算机的使用效率。备测时可以查阅测试指导用书或《新华字典》等。

得到考务人员上机测试的通知后，进入测试室进行测试。

考生不得在候测室、备测室及测试室内大声喧哗，进出测试室要轻开门轻关门。

3. 测试室

考务人员安排考生在相应的机房测试，每个测试机房每次只允许1人测试。考生在测试过程中应有条不紊地参加测试。除测试过程中必要的操作外，不得随意设置和操作计算机，由考生随意设置和操作造成的录音质量不好、死机、重新启动等后果由考生自负。

测试过程中发生死机等异常现象，应及时报告管理人员进行处理，考生不要擅自处理。

测试结束后考生应及时离开测试室，以保证下一位考生上机测试的顺利进行。

第二节 考试流程

国家普通话水平智能测试系统是参加普通话水平测试的考试应用软件。在考试过程中，考生可以按照测试程序的提示，逐步完成考试内容及相关操作。

完整的测试流程为：考生登录—核对考生信息—试音—正式测试—提交试卷。

一、考生登录

考生入座后，考试机屏幕上会显示如下界面，提示考生戴好耳机。

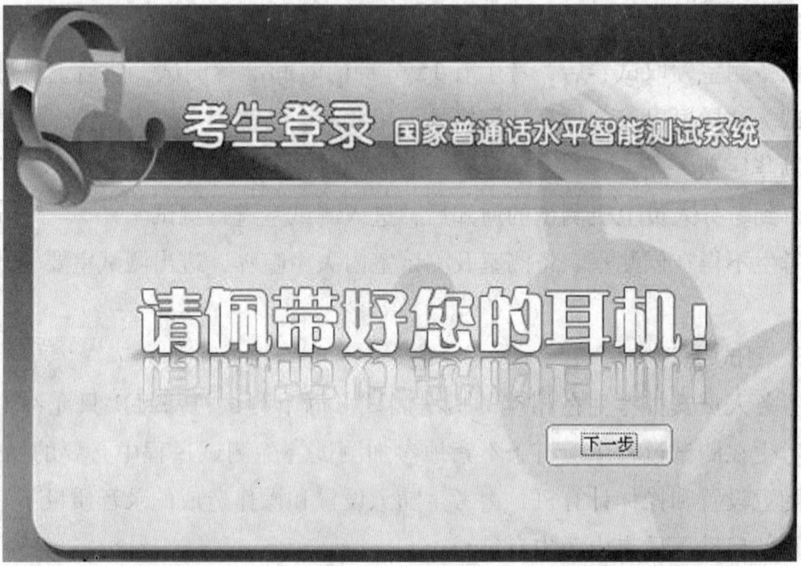

考生应按照下图所示正确佩带耳机：麦克风不要紧贴面部，应将其安放在距上唇以上大约 2 到 3 厘米之处，防止说话时的气流撞击话筒形成破音，导致录音资料无效。调节完成后，点击“下一步”按钮，进入考生登录页面。

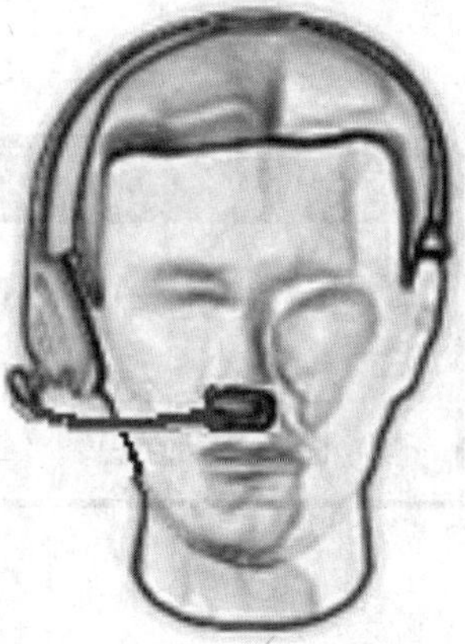

当屏幕上出现如下图界面时，考生应准确填入自己的准考证号，然后点击“进入”按钮。

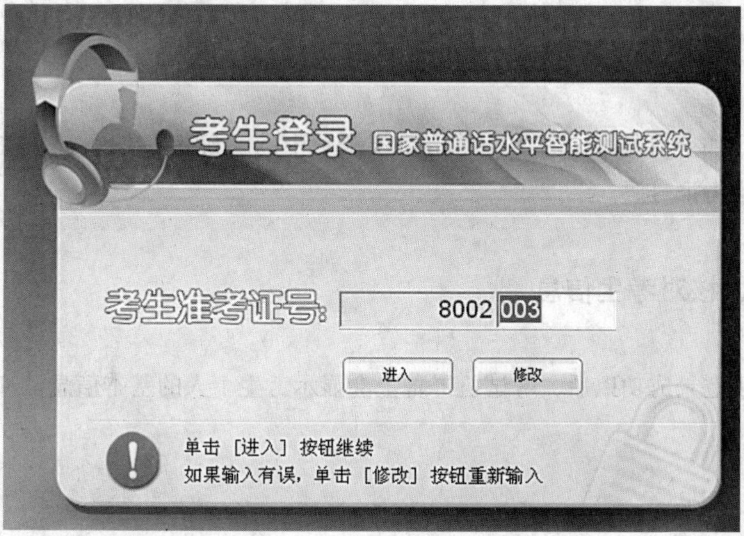

如果输入错误，系统会给出如下提示。此时，可单击“修改”按钮重新

输入准考证号。

如果考生输入准考证号之前已经登录过系统，系统会给出如下提示：

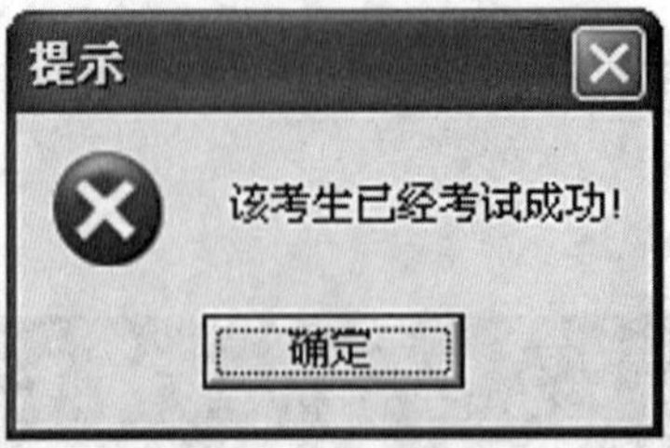

遇到如上情况时，考生应单击错误提示中的“确定”按钮，并重新输入正确的准考证号码。

二、核对考生信息

考生登录成功以后，考试机屏幕上会显示考生个人的基本信息。如下图：

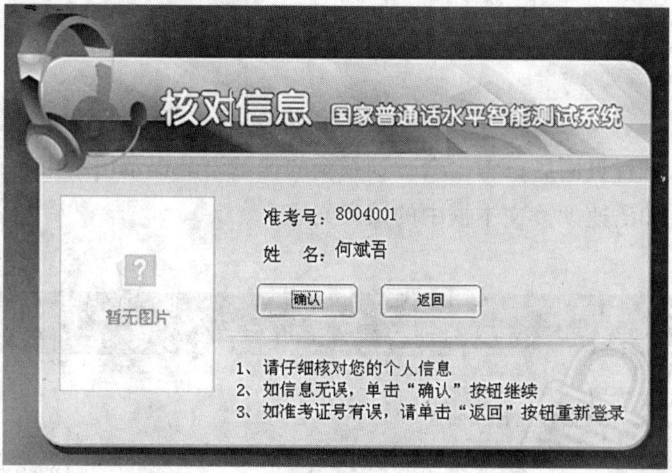

此时，考生需要认真核对屏幕所显示的信息是否与自己的信息相符。核对完成以后，单击“确认”继续。核对发现信息错误，可以点击“返回”重新登录。

考生确认个人信息后，页面会弹出下面的提示框。请等待考场指令，准备试音。

三、试音

当进入试音页面后，考生会听到系统的提示语。提示语结束后，请考生以适中的音量和语速朗读文本框中的试音文字。

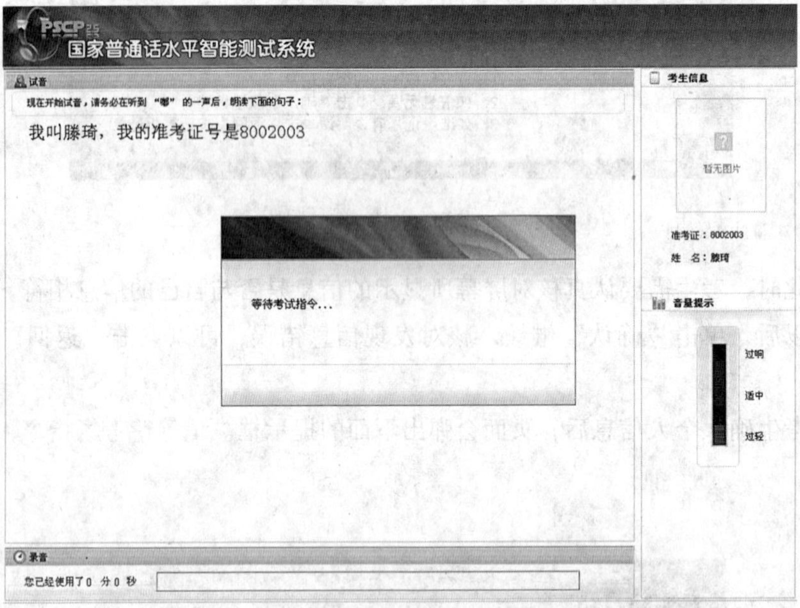

测试程序会提供两次试音机会，第一次试音后如果不成功，系统会提示考生再次试音。

若再次试音失败，页面会弹出提示框，请点击“确定”按钮，并与监考老师联系，进行妥善处理。

四、正式测试

普通话水平测试共有 4 项题目，系统会依次显示各项内容，考生只需根据屏幕显示的试题内容进行录音。每项试题前都有一段语音提示，请在提示语结束并听到“嘟”的一声后，再开始录音。录音过程中，应做到吐字清晰，语速适中，音量尽量与试音时保持一致。测试过程中，请注意主屏下方的时间提示，确保在规定的时间内完成每项考试。规定时间结束，系统会自动进入下一项试题。如果某项试题时间有余，单击屏幕右下角的“下一题”按钮，可进入下一项试题。

提示：

（1）考试过程中，考生不要说试卷以外的任何内容，以免影响考试成绩。

（2）如有疑问，请举手示意，考务人员会及时前来解答。

当系统进入第一题，考生会听到系统的提示语，听到“嘟”的一声后，就可以朗读试卷内容了。100 个单字以黑色字体和蓝色字体隔行显示，以便考生识别，考生应横向依次朗读单字，避免漏字、漏行。

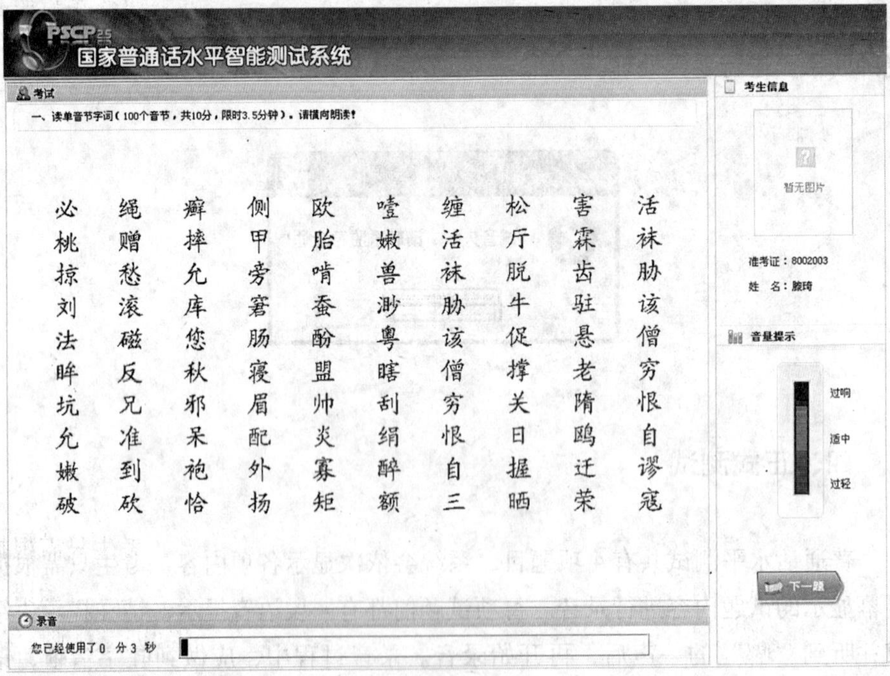

第一题读单音节字词的限制时间是3.5分钟，页面下方有时间条，请考生注意控制时间。如果提前读完了，不用等待，可以立即点击右下角“下一题”按钮进入第二题考试。

第二题是读多音节词语，限时2.5分钟。考生横向依次朗读词语，避免漏读，并在读完后立即点击“下一题”。

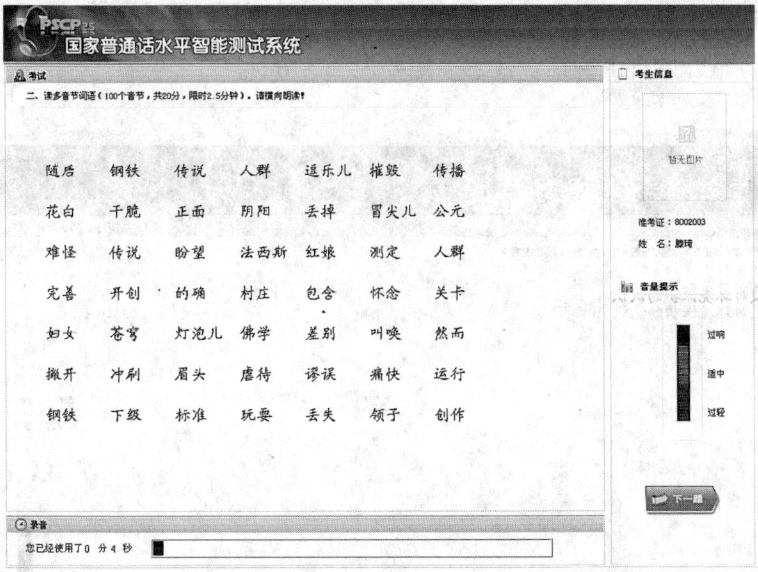

第三题是朗读短文。考生应注意语音清晰、语义连贯，防止添字、漏字、改字。此项限时4分钟，读完后，请点击“下一题”按钮。

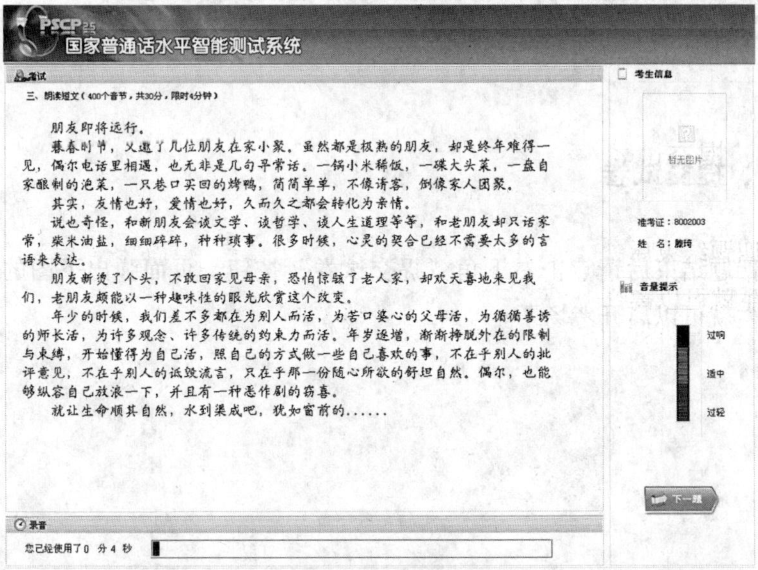

第四题是说话。在“说话”之前，请读出所选择的说话题目，然后再用合适的音量开始自由说话。注意一定要说满3分钟。

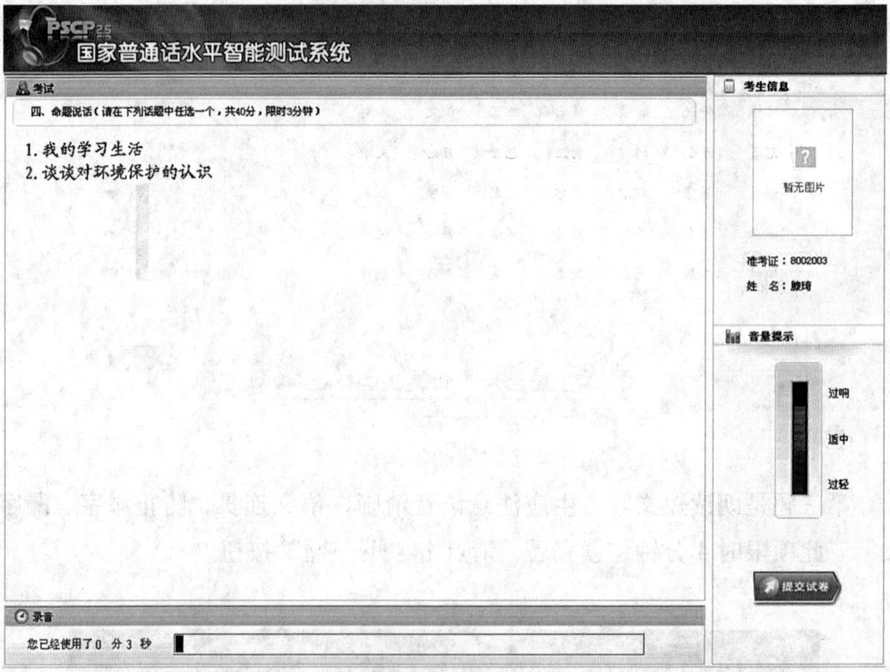

五、提交试卷

第四题结束后请点击右下角“提交试卷”按钮。页面弹出下图的提示框后，考生就可以离开考场了。

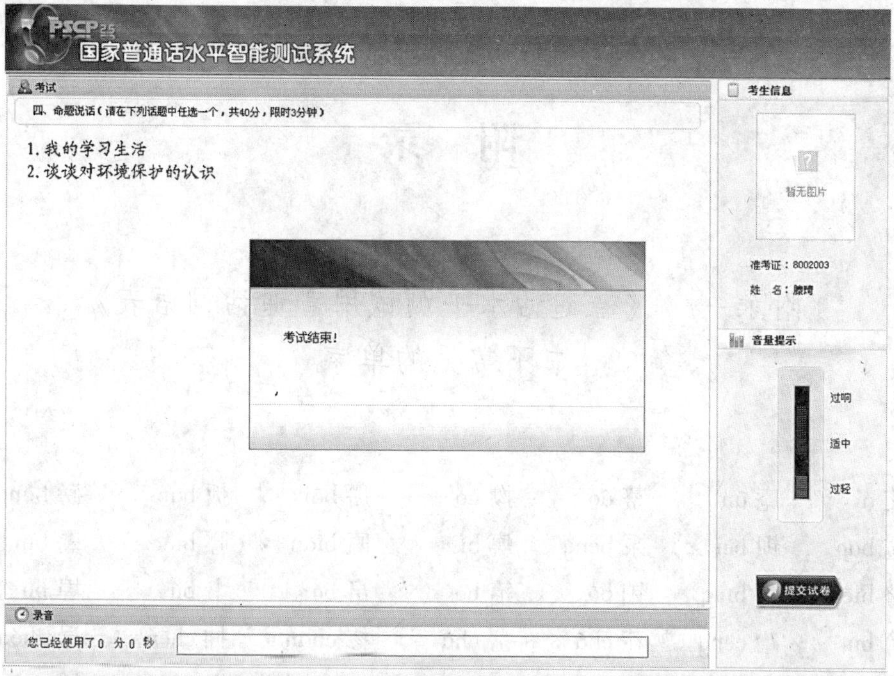
PSCP 2.5
国家普通话水平智能测试系统
考试
四、命题说话（请在下列话题中任选一个，共40分，限时3分钟）
1. 我的学习生活
2. 谈谈对环境保护的认识
考试结束！
考生信息
暂无图片
准考证：8002003
音量提示
过响
适中
过轻
提交试卷
录音
您已经使用了 0 分 0 秒

附 录

附录一 《普通话水平测试用普通话词语表》中不常见的单字

艾 ài	庵 ān	鳌 áo	拗 ào	掰 bāi	扳 bān	磅 bàng
雹 báo	钡 bèi	泵 bèng	痹 bì	匾 biǎn	膘 biāo	鬓 bìn
鳖 biē	秉 bǐng	铂 bó	箔 bó	帛 bó	卜 bǔ	埠 bù
簿 bù	蹭 cèng	茬 chá	岔 chà	掺 chān	抻 chēn	逞 chěng
疮 chuāng	戳 chuō	嗤 chī	舂 chōng	蹿 cuān	撮 cuō	锉 cuò
啐 cuì	皴 cūn	掸 dǎn	裆 dāng	嫡 dí	蒂 dì	兑 duì
堤 dī	踱 duó	迭 dié	滇 diān	佃 diàn	貂 diāo	锭 dìng
窦 dòu	睹 dǔ	煅 duàn	墩 dūn	炖 dùn	钝 dùn	踱 duó
舵 duò	腭 è	鄂 è	吠 fèi	帆 fān	酚 fēn	弗 fú
氟 fú	辐 fú	甫 fǔ	擀 gǎn	篙 gāo	膈 gé	庚 gēng
羹 gēng	梗 gěng	龚 gōng	垢 gòu	氦 hài	骇 hài	蚶 hān
呵 hē	壑 hè	吼 hǒu	郝 hǎo	褐 hè	喙 huì	荤 hūn
姬 jī	涧 jiàn	辑 jí	炯 jiǒng	戟 jǐ	麂 jǐ	暨 jì
髻 jì	荚 jiá	柬 jiǎn	谏 jiàn	腱 jiàn	绛 jiàng	茎 jīng
皆 jiē	靳 jìn	灸 jiǔ	揪 jiū	厩 jiù	踞 jù	厥 jué
撅 juē	蕨 jué	揩 kāi	抠 kōu	奎 kuí	廓 kuò	癞 lài
咧 liě	厘 lí	锂 lǐ	撂 liào	拎 līn	霖 lín	蹓 liù
绺 liǔ	掳 lǔ	卤 lǔ	麓 lù	捋 lǚ	摞 luò	鳗 mán
螨 mǎn	蟒 mǎng	锚 máo	卯 mǎo	锰 měng	幂 mì	皿 mǐn

抿 mǐn	闽 mǐn	眸 móu	氖 nǎi	倪 ní	腻 nì	拈 niān
蔫 niān	嫩 nèn	囊 náng	黏 nián	碾 niǎn	廿 niàn	啮 niè
孽 niè	裴 péi	坯 pī	癖 pǐ	瞥 piē	瞟 piǎo	沏 qī
畦 qí	鳍 qí	扦 qiān	黔 qián	跷 qiāo	锹 qiāo	沁 qìn
擎 qíng	券 quàn	磬 qìng	祛 qū	瘸 qué	阙 què	汝 rǔ
腮 sāi	缫 sāo	搔 sāo	麝 shè	嗣 sì	艘 sōu	笋 sǔn
隋 suí	晌 shǎng	砷 shēn	矢 shǐ	拭 shì	恃 shì	舐 shì
噬 shì	舜 shùn	筛 shāi	涮 shuàn	砷 shēn	螫 shì	粟 sù
绥 suí	榻 tà	汰 tài	钛 tài	臀 tún	驮 tuó	唾 tuò
皖 wǎn	剜 wān	韦 wéi	握 wò	毋 wú	兮 xī	铣 xǐ
冼 xiǎn	衔 xián	涎 xián	霰 xiàn	饷 xiǎng	楔 xiē	偕 xié
邢 xíng	袭 xí	弦 xián	舷 xián	纤 xiān	癣 xuǎn	薰 xūn
焉 yān	腌 yān	衍 yǎn	佯 yáng	掖 yē	噎 yē	伊 yī
夷 yí	矣 yǐ	逸 yì	翼 yì	寅 yín	尹 yǐn	膺 yīng
阎 yán	痈 yōng	壅 yōng	蛹 yǒng	铀 yóu	酉 yǒu	釉 yòu
俞 yú	隅 yú	虞 yú	禹 yǔ	谕 yù	垣 yuán	苑 yuàn
逾 yú	咂 zā	哉 zāi	仄 zè	轧 zhá	铡 zhá	乍 zhà
斋 zhāi	毡 zhān	蘸 zhàn	砧 zhēn	臻 zhēn	朕 zhèn	滞 zhì
掷 zhì	盅 zhōng	冢 zhǒng	诛 zhū	拽 zhuài	椎 zhuī	拙 zhuō
兹 zī	籽 zǐ	渍 zì	鬃 zōng	揍 zòu	卒 zú	攥 zuàn
佐 zuǒ						

附录二 《普通话水平测试用普通话词语表》中部分多音字及其例词

挨 ①āi 挨近　②ái 挨打
拗 ①ào 拗口　②niù 执拗
把 ①bǎ 把握　把持　把柄　②bà 印把　刀把
耙 ①bà 耙地　②pá 耙子
薄 ①báo 很薄　薄纸　②bó 薄弱　单薄
刨 ①bào 刨床　②páo 刨土
背 ①bèi 背后　背景　②bēi 背带　背枪　背包
奔 ①bēn 奔跑　奔波　②bèn 投奔
屏 ①bǐng 屏息　屏气　②píng 屏幕
剥 ①bō 剥削（xuē）　②bāo 剥皮
藏 ①cáng 躲藏　矿藏　②zàng 宝藏　西藏
差 ①chā 差别　差距　差价　②chà 差不多　差点儿
③chāi 出差　④cī 参（cēn）差
颤 ①chàn 颤抖　颤动　②zhàn 打颤　寒颤
场 ①chǎng 场合　场地　②cháng 场院　一场（雨）
称 ①chèn 称职　对称　②chēng 称呼　称号　称赞
澄 ①chéng 澄清　②dèng 黄澄澄
处 ①chǔ（动作义）处分　处理　②chù（名词义）处所　处处
创 ①chuàng 创作　创造　②chuāng 创伤　重创
撮 ①cuō 撮合　②zuǒ 一撮胡子
答 ①dá 答案　答复　答辩　②dā 答应
逮 ①dài 逮捕　②dǎi 逮住
当 ①dāng 当地　当然　②dàng 当做　恰当

倒 ①dǎo 倒闭 倒霉 ②dào 倒退 倒置 倒像（意：反而像）

提 ①dī 提防 ②tí 提高 提取

得 ①dé 得到 得心应手 ②děi 总得
③de 好得很

调 ①diào 调查 调动 ②tiáo 调节 调和

垛 ①duǒ 垛口 ②duò 垛子

恶 ①è 恶化 恶劣 ②wù 厌恶
③ě 恶心

发 ①fà 理发 毛发 ②fā 发表 发达 发现

分 ①fēn 区分 分数 ②fèn 分量 成分

缝 ①féng 缝合 ②fèng 缝隙
③feng 裁缝

给 ①gěi 给以 给你 ②jǐ 给养 供给

更 ①gēng 更新 更换 ②gèng 更加 更好

供 ①gōng 供需 供销 ②gòng 供奉 口供

号 ①háo 号叫 ②hào 号码 号召 称号

喝 ①hē 喝水 ②hè 喝彩

和 ①hé 和平 和谐 ②huó 和面
③huo 暖和 ④hú 和牌
⑤hè 附和

横 ①héng 横行 纵横 ②hèng 蛮横 横财

划 ①huá 划船 划算 ②huà 划分 计划

晃 ①huǎng 明晃晃 晃眼 ②huàng 摇晃 晃动

会 ①huì 会议 会场 ②kuài 会计 财会

几 ①jī 茶几 几率 ②jǐ 几经 几何 几时

夹 ①jiā 夹攻 夹杂 ②jiá 夹裤 夹袄

假 ①jiǎ 假如 假设 ②jià 假期 假日

间 ①jiān 中间 时间 ②jiàn 间断 间谍

嚼 ①jiáo 嚼舌 嚼碎 ②jué 咀嚼

角 ①jiǎo 角落　角度　②jué 角色　角逐
教 ①jiāo 教书　教给　②jiào 教导　教师
结 ①jiē 结实　开花结果　②jié 结合　结束　结果
劲 ①jìn 干劲　劲头　②jìng 强劲　劲旅
降 ①jiàng 降落　降临　降温　②xiáng 降伏　投降
禁 ①jīn 禁不住　不禁　②jìn 禁止
尽 ①jǐn 尽管　尽量　②jìn 尽头　尽力　鞠躬尽瘁
卡 ①kǎ 卡车　卡片　②qiǎ 关卡　卡子
看 ①kān 看守　看管　②kàn 看待　看见　看法
壳 ①ké 贝壳　脑壳　②qiào 地壳　躯壳
空 ①kōng 空气　空洞　②kòng 空白　空闲　空隙
累 ①lèi 劳累　②léi 累赘
③lěi 累计　累及
俩 ①liǎ 咱俩　俩人　②liǎng 伎俩
笼 ①lóng 笼子　牢笼　②lǒng 笼罩　笼络　笼统
露 ①lù 露天　露骨　暴露　②lòu 泄露　露面
落 ①luò 落后　落实　②là 丢三落四　落下
③lào（常用口语）落枕　落色
脉 ①mài 脉络　山脉　②mò 脉脉
蔓 ①màn 蔓延　蔓草　②wàn 瓜蔓　压蔓
模 ①mó 模范　模型　②mú 模具　模样　模子
难 ①nán 难道　难得　②nàn 灾难　难民
③nan 困难
宁 ①níng 安宁　宁静　②nìng 宁可
炮 ①páo 炮制　②pào 炮弹　炮火　炮楼
片 ①piàn 片刻　片段　片面　②piān 片子
撇 ①piē 撇开　②piě 撇嘴　一撇一捺
强 ①qiáng 强大　强制　②qiǎng 强求　勉强
③jiàng 倔强

悄 ①qiāo 悄悄　②qiǎo 悄然　悄声
翘 ①qiào 翘起　翘尾巴　②qiáo 翘首
切 ①qiē 切磋　切割　②qiè 切实　切身
亲 ①qīn 亲密　亲近　②qìng 亲家
曲 ①qū 曲折　弯曲　②qǔ 曲艺　曲调　歌曲
塞 ①sāi 活塞　塞子　②sài 塞外　边塞
　③sè 堵塞　填塞
散 ①sǎn 散漫　散文　散射　②sàn 散布　散会　散失
臊 ①sāo 腥臊　②sào 害臊
折 ①shé 折本　②zhē 折腾
　③zhé 折合
舍 ①shě 舍不得　舍弃　舍身　②shè 宿舍　校舍
什 ①shén 什么　②shí 什锦
省 ①shěng 省份　省城　省会　省略　②xǐng 反省
识 ①shí 识别　识字　②zhì 博闻强识
　③shi 认识　知识
似 ①sì 相似　好似　近似　②shì 似的
宿 ①sù 宿舍　②xiǔ 一宿（用以计夜）
　③xiù 星宿
帖 ①tiē 服帖　妥帖　②tiě 帖子　请帖
　③tiè 碑帖　字帖
吐 ①tǔ 吐露　谈吐　②tù 吐血　呕吐
为 ①wèi 为了　因为　②wéi 极为　作为
鲜 ①xiān 鲜美　鲜明　②xiǎn 鲜见　鲜为人知
兴 ①xīng 兴奋　兴起　②xìng 兴趣　高兴
削 ①xuē 削弱　削减　剥削　②xiāo 削皮
血 ①xuè 血管　血液　血压　②xiě 出了一点血
轧 ①yà 倾轧　②zhá 轧钢
咽 ①yān 咽喉　②yàn 狼吞虎咽

③yè 呜咽

要 ①yào 要紧 要素 ②yāo 要挟

应 ①yīng 应当 应届 应允 ②yìng 应变 应对 应考

与 ①yǔ 与其 ②yù 参与

晕 ①yūn 晕倒 头晕 ②yùn 晕车 晕船

载 ①zǎi 登载 转载 一年半载 ②zài 载体 载重 下载

攒 ①zǎn 攒钱 ②cuán 攒动

择 ①zé 选择 抉择 ②zhái 择菜

扎 ①zhá 挣扎 ②zhā 扎根 扎实

③zā 扎紧

粘 ①zhān 粘贴 粘连 ②nián 粘稠 粘土

着 ①zháo 着急 着迷 着火 ②zhuó 着重 着手 着落

③zhāo 着数 高着 ④zhe 看着 走着

中 ①zhōng 中国 中间 ②zhòng 中奖 中肯 中意

种 ①zhǒng 种类 种子 种族 ②zhòng 种植 耕种

转 ①zhuǎn 转变 转移 转动 ②zhuàn 转动 转速

钻 ①zuān 钻研 钻探 钻孔 ②zuàn 钻石 钻头

作 ①zuō 作坊 ②zuò 作风 作品 工作

附录三 《普通话水平测试用普通话词语表》中容易读错的词语

áiái 皑皑	ànnà 按捺	ànrán 黯然	bāozǐ 孢子	biānzuǎn 编纂	biānzhuàn 编撰
bēibǐ 卑鄙	bēibāo 背包	bèirù 被褥	bènzhuō 笨拙	bǐnǐ 比拟	bǐngxī 屏息
píngmù 屏幕	bìngqì 摒弃	bǔyù 哺育	bùchì 不啻	bùxiè 不屑	bǐ'àn 彼岸
cānyù 参与	cuàngǎi 篡改	cūcāo 粗糙	cāngqióng 苍穹	cuǐcàn 璀璨	círuǐ 雌蕊
cūguǎng 粗犷	cuòzhé 挫折	chǎnshù 阐述	chéng kè 乘客	chéng fá 惩罚	chànhuǐ 忏悔
cháoxué 巢穴	chuòqì 啜泣	chánchú 蟾蜍	chánchán 潺潺	chōngjǐng 憧憬	chāo xí 抄袭
chuòhào 绰号	chuōchuān 戳穿	dàngàn 档案	dàngcì 档次	dílún 涤纶	dìtīng 谛听
diānbǒ 颠簸	dòngzhé 动辄	dòngxué 洞穴	dǔxìn 笃信	dùliàng 度量	duǎnzàn 短暂
èzhì 遏制	èyào 扼要	èliè 恶劣	ēncì 恩赐	fājiào 发酵	fānzhèn 藩镇
fǎnchú 反刍	fànwén 梵文	fēnwéi 氛围	fēngyú 丰腴	fèngxì 缝隙	fū huà 孵化
fúxiǎo 拂晓	fùzhuó 附着	fùzá 复杂	fù qiāng 腹腔	gāozhǎng 高涨	gānhé 干涸
gǎnjūn 杆菌	guǎngmào 广袤	guīyī 皈依	gǔsuǐ 骨髓	guīlì 瑰丽	hànliú jiābèi 汗流浃背
hénggèn 横亘	hǒujiào 吼叫	huànyǎng 豢养	húnzhuó 浑浊	hùndùn 混沌	hùnzhuó 混浊
hùnxiáo 混淆	jīxíng 畸形	jībàn 羁绊	jíshǒu 棘手	jǐjǐ 济济	jídù 嫉妒

jíbìng	jíqǔ	jiāzi	jiānmò	jiàoshì	jiē gǎn
疾病	汲取	夹子	缄默	教室	秸秆
jīngsuǐ	jiǒngkuàng	jūnì	jǔjué	jué qǔ	kǎn kě
精髓	窘况	拘泥	咀嚼	攫取	坎坷
kè shǒu	kēngqiāng	kǒng hè	kuàizhìrénkǒu	kuàijì	kuàngjià
恪守	铿锵	恐吓	脍炙人口	会计	框架
kuò dà	lián yī	liǎng qī	liàngqiàng	lüèduó	lùlín
扩大	涟漪	两栖	踉跄	掠夺	绿林
lǜqì	miǎnqiǎng	mábì	ménkǎn	ménkuàng	mǐnmiè
氯气	勉强	麻痹	门槛	门框	泯灭
nèi jiù	nèixǐng	nǐrén	niǎoniǎo	nièpán	páoxiào
内疚	内省	拟人	袅袅	涅槃	咆哮
páiyōu jiě nàn	pēi yá	pílín	pìrú	pì měi	piējiàn
排忧解难	胚芽	毗邻	譬如	媲美	瞥见
piēkāi	pīngpāngqiú	púfú	qìněi	qíqiú	qǐqiú
撇开	乒乓球	匍匐	气馁	祈求	乞求
qìjīn	qiánzài	qiánfú	qiányímòhuà	qiènuò	qīnglài
迄今	潜在	潜伏	潜移默化	怯懦	青睐
qū qiào	quánsuō	quèzáo	rènshēn	rǒngcháng	rúdòng
躯壳	蜷缩	确凿	妊娠	冗长	蠕动
rùzi	sìwújìdàn	sǎnshè	suōshǐ	sìjī	sǒngyǒng
褥子	肆无忌惮	散射	唆使	伺机	怂恿
sùliào	suìdào	sāodòng	shālù	shēngchù	shǎngwu
塑料	隧道	骚动	杀戮	牲畜	晌午
shòu liè	shàshí	shénkān	shōuliǎn	shūrán	shùguān
狩猎	霎时	神龛	收敛	倏然	树冠
shuǐtǎ	shùnshí	sīcǔn	shùfù	suōyī	tán hé
水獭	瞬时	思忖	束缚	蓑衣	弹劾
tāochóng	tè shè	tīchú	tiǎoxìn	tiàowàng	wéirào
绦虫	特赦	剔除	挑衅	眺望	围绕
wēihài	wū yè	wēngwēng	xià hé	xiánchuāng	qínxián
危害	呜咽	嗡嗡	下颌	舷窗	琴弦
xiāngqiàn	xiāngdéyìzhāng	xiānwéi	xièlòu	xiè dú	xīnxián
镶嵌	相得益彰	纤维	泄露	亵渎	心弦
xìxuè	xuànyào	xuànrǎn	xuéwèi	xūntáo	yīnqiè
戏谑	炫耀	渲染	穴位	熏陶	殷切

yānhóng	yōngyǒu	yōng hù	yánxí	yǎnrán	yáo yè
殷红	拥有	拥护	筵席	俨然	摇曳
yǎotiǎo	yīwēi	yìrì	yú mèi	yùnniàng	yìyì
窈窕	依偎	翌日	愚昧	酝酿	熠熠
yīnmái	gùyōng	yòngjīn	yǒuhēi	yù huì	yǎnkuàng
阴霾	雇佣	佣金	黝黑	与会	眼眶
zhāzǐ	zànqiě	zànxíng	zhàojí	zhàopiàn	zhēnjiǔ
渣滓	暂且	暂行	召集	照片	针灸
zhīfáng	zhīfěn	zhùcáng	zhòurán	zhuóyuè	zhàměng
脂肪	脂粉	贮藏	骤然	卓越	蚱蜢
zhān bǔ	zhānlián	zhāolái	zhězhòu	zhì gù	zhù lì
占卜	粘连	招徕	褶皱	桎梏	伫立
zhùcún	zhùbèi	zhuànkè	zhuīsù	zhuózhù	zhìliàng
贮存	贮备	篆刻	追溯	卓著	质量
zāo pò	zàoyì	zézé	zuòsuì	zōnglǘ	
糟粕	造诣	啧啧	作祟	棕榈	

附录四 《普通话水平测试用普通话词语表》中形近字读音及例词

bēng 绷 绷紧　péng 棚 棚子　péng 硼 硼酸　bēng 崩 崩塌　bèng 蹦 蹦跳

chè 撤 撤退　zhé 辙 车辙

dāng 当 担当　dǎng 挡 阻挡　dàng 档 档案　dāng 裆 裤裆

diàn 殿 宫殿　tún 臀 臀部

fán 凡 平凡　fān 帆 船帆

chuō 戳 戳穿　lù 戮 杀戮

bō 拨 拨开　bá 拔 拔出

cuàn 窜 流窜　cuān 蹿 蹿火

duān 端 端正　chuǎn 喘 喘气　chuāi 揣 怀揣　chuǎi 揣 揣摩　chuài 踹（意：踢）

tuān 湍 湍急

è 鄂（意：湖北简称）　è 愕 愕然　è 萼 萼片　è 腭 上腭

gài 概 大概　kǎi 慨 感慨

juàn 卷 卷子　quàn 券 证券

kǎo 考 考试　kǎo 烤 烤火　kào 铐 手铐

kàng 炕 火炕　kēng 坑 土坑

káng 扛 扛起　gàng 杠 杠杆

kuā 夸 夸奖　kuǎ 垮 垮台　kuà 跨 跨过　kuà 挎 挎包

fú 符 符合　fù 附 附和(hè)

fú 弗 弗如　fú 氟 氟利昂　fó 佛 佛教　fèi 沸 沸腾　fú 拂 拂晓

fù 副 副业　fú 幅 一幅画　fú 辐 辐射

jí 即 即使、立即　jì 既 既然

juān 捐 捐款　juàn 绢 手绢

liáo 嘹 嘹亮　liáo 撩 撩拨　liáo 燎 燎原　liáo 潦 潦倒　liào 瞭 瞭望

liáng 凉 凉快　liàng 晾 晾晒　jīng 惊 惊奇

piào 票 票据　piāo 漂 漂浮　piǎo 漂 漂白　piào 漂 漂亮　piāo 飘 飘扬　piáo 瓢 水瓢

piǎo 瞟 瞟一眼

qiā 掐 掐断　niē 捏 捏碎

qiè 切 一切　qī 沏 沏茶　qì 砌 砌墙　chè 彻 彻底

qīng 倾 倾向　qǐng 顷 顷刻、公顷

qū 祛 祛除　qiè 怯 胆怯　què 却 退却

tiē 贴 粘贴　tiě 帖 请帖

wù xū 戊戌 戊戌变法　shù 戍 卫戍

jiè 戒 戒备 róng 戎 兵戎 róng 绒 绒毛

wú 吾 吾国吾民 wù 晤 晤面、会晤 wù 悟 觉悟

cāo 操 操练 sāo 臊 腥臊 sào 臊 害臊 zǎo 澡 洗澡 zǎo 藻 海藻 zào 燥 燥热 zào 躁 烦躁

rēng 扔 扔掉 réng 仍 仍然

duì 兑 兑换 tuì 蜕 蜕化

tā 塌 坍塌 tà 榻 下榻

shī 虱 虱子 zǎo 蚤 跳蚤 sāo 骚 骚动 sāo 搔 搔首弄姿

shuā 刷 刷子 shuàn 涮 涮羊肉

xuán 玄 玄学 xuàn 眩 眩晕 xuàn 炫 炫耀 xián 弦 琴弦 xián 舷 船舷

xiè 卸 卸车 yù 御 御用

zhǎn 展 展览 niǎn 碾 碾碎

zhèng 郑 郑重 zhì 掷 投掷

céng 曾 曾经 zēng 增 增加 zēng 憎 憎恨 zèng 赠 捐赠 sēng 僧 僧侣 cèng 蹭（意：摩擦）